S. MONGIRARD

COUPS DE CRAYON

OU

IMPRESSIONS DE VOYAGE

D'UN PÈLERIN LANGROIS

AUX

FÊTES DE LA CANONISATION DE S. PIERRE FOURIER

LANGRES

IMPRIMERIE ET LIBRAIRIE RALLET-BIDEAUD

8, rue Barbier-d'Aucourt, 8

1897

COUPS DE CRAYON

OU

IMPRESSIONS DE VOYAGE D'UN PÈLERIN LANGROIS

AUX

Fêtes de la canonisation de S. Pierre Fourier

> *Diebus quindecim... veni videre Petrum.*
>
> (Galat., I, 18.
>
> Délicieuse quinzaine pendant laquelle j'ai pu aller voir Pierre !

I. — DE LANGRES A ROME

Le départ. — Épinal. — Belfort. — La Suisse. — La Lombardie. — Gênes, son aspect, ses palais et ses laideurs ; le campo Santo. — Le littoral. — L'arrivée.

LE DÉPART. — M'y voici ! à ce moment si vivement attendu ! J'ai reçu les adieux et les souhaits de mes paroissiens ; j'ai laissé la garde du bercail à des amis ; je pars allègrement à la brume du soir, mon moderne parapluie à la main en guise de bâton de pèlerin, au lieu de coquillages quelques maravédis dans mon escarcelle, et dans mon cœur une immense joie : je vais à Rome... Et les cloches de l'*Angélus* de tous les pays d'alentour semblent me chanter un joyeux : Au revoir.

Bon début ; je voyage vers Port-d'Atelier avec un socialiste militant, allant jusqu'à l'anarchie, s'il le faut. Naturellement, il déteste les curés, comme étant trop cléricaux, et se moque du pèlerinard. Après conversation, croiriez-vous qu'il me remercie, me donne son adresse et m'assure que je lui ferai le plus vif plaisir d'échanger avec lui quelques lettres comme suite de notre échange d'idées religieuses et sociales. Oui, très bon début.

Traversant au matin les Vosges embrumées, me voici à Epinal, d'où j'ai voulu partir avec tout le monde.

* *

Epinal. — Il est 7 heures. Quelle animation ! La gare, les rues sont littéralement noires de monde ecclésiastique, sans compter le profane. Plus de 300 prêtres circulent dans la ville, accompagnés par des amis moins heureux qu'ils laisseront à la gare. Nous serons 615 pèlerins environ, et plus de moitié sont des curés.

C'est, semble-t-il, une délégation des curés de l'Est de la France allant glorifier l'un des leurs ; la canonisation du saint curé de Mattaincourt est vraiment pour eux une fête de corporation.

L'Eglise principale, où les pèlerins simples fidèles ont mis par la confession et la communion, leur âme en costume de voyage, retentit quand j'y passe, du chant des Litanies des Saints. C'est bien le chant du départ, pour ceux qui vont à Rome voir faire un nouveau Saint. Que les Saints nous gardent dans notre procession des Rogations ! Nous l'allons faire très longue, immense à travers les Vosges, la Suisse et l'Italie ; très moderne, à la vapeur ; très solennelle, présidée par un évêque assisté de 300 prêtres, et dont la station doit être... Saint-Pierre du Vatican. Priez pour nous, saints et saintes de Dieu : au retour de notre procession, votre glorieuse liste comptera deux noms de plus au rang des Confesseurs.

Nous voici casés, un peu n'importe où... On a laissé apparemment au B. Fourier, non-seulement la protection spirituelle du pèlerinage, mais encore une partie de l'organisation matérielle. Avec S. Antoine qui aura fort à faire, le bon Père s'en tirera à merveille, n'en doutez pas.

Et voilà que l'on trouve, qui d'anciens compagnons de pèlerinage, qui des amis longtemps éloignés, qui de nouvelles et très charitables connaissances. J'ai à la fois tous ces bonheurs. Vosgiens, Verdunois, Nancéiens, Langrois, on va vivre, prier, penser, souffrir un peu ensemble ; on est déjà des amis. Vous connaissez, n'est-ce pas, cette délicieuse fraternité du pèlerinage, si honteusement salie par l'ignoble Zola ? Et quand on va glorifier le bon Père de Mattaincourt, il sera si facile et si agréable de « *omnibus prodesse, obesse nemini !* » (1)

Enfin *Procedamus in pace !* (2) Notre Séminaire ambulant, un peu pêle-mêle, s'ébranle... *Magnificat !* Le cœur chante avec la voix.

Voici les Vosges verdoyantes au soleil du matin, au loin le ballon d'Alsace, majestueux et attendrissant ; on revoit un peu les belles vallées du versant de la Saône, on traverse Lure. Bientôt on annonce Belfort.

BELFORT. — Belle ville, très mouvementée depuis la triste date, me dit-on. Je la visite avec intérêt. A Saint-Christophe, une jolie église, nous recevons du haut de la chaire un petit programme très suggestif : « Prudence en Italie, et charité partout, même pour les directeurs du pèlerinage. » Voilà qui, avec l'agence Lubin, et surtout l'égide du bon Père, va nous tirer merveilleusement d'affaire.

Quand j'arrive au fameux Lion, dont il faut bien parler pour faire comme tout le monde, entouré de ces fidèles de la Lorraine, de ces prêtres de la frontière, il me semble plus fier et plus confiant dans sa superbe attitude. La frontière va avoir un saint, un protecteur de plus ; mieux

(1) Etre utile à tous, ne gêner personne. (*Maxime de S. P. Fourier*).
(2) Partons en paix. (*Prec. itin. cleric.*)

que les forts et les canons, S. Pierre Fourier saura écarter de ses Vosges les attentats sacrilèges. Oui, tu peux redresser la tête, lion français, et nous pouvons lancer ce cri d'un pèlerin alsacien au pied du beau monument patriotique d'une des places de Belfort : Vive la Lorraine, revive l'Alsace !

Après Belfort, laissant les Vosges à gauche, le Jura et la vallée du Doubs à droite, nous filons à travers la trouée de Belfort vers Porrentruy et Ste-Ursanne. Le paysage devient plus varié, la verdure s'accentue, les eaux jaillissent de toute part. Nous sommes en Suisse.

La Suisse. — Il serait banal d'en louer, ou d'en décrire pour la millième fois les beautés. Moi, je disais comme notre Clovis : N'est-il pas dommage que ces belles contrées soient en grande partie aux hérétiques ?

Comme on le sent vivement, surtout quand on fait partie d'un train de pèlerins, de prêtres catholiques en route pour Rome ! On leur a donné à ces Suisses l'avantage de traverser leur pays à l'aller et au retour ; et eux nous ont refusé les conditions faites sur les réseaux français et italiens. J'aurais choisi, moi, un autre itinéraire, d'autant plus que l'on nous faisait traverser la nuit les parties les plus merveilleusement belles du sud de la Suisse. — Ensuite, ces gens-là nous font grise mine, ils nous sont peu sympathiques. Presque aucun renseignement à en tirer, aucune facilité à en obtenir. Leurs employés, sauf quelques exceptions, sont sombres et mal gracieux ; cela se porte si bien, cet air-là, quand on est protestant. Et puis, pensez donc, un train de papistes, de curés allant en pèlerinage à Rome. Pauvres gens, comme ils sont prévenus contre leur vraie Mère, dont ils sont séparés, contre leur Père, qu'ils ne reconnaissent pas, contre leurs frères qu'ils regardent en dessous ! — De mes voyages en Suisse, j'ai toujours tiré cette conclusion, c'est que si les Suisses nous ménagent, ils ne nous aiment guère. Notre mutuelle fraternité, dans le passé comme dans leurs monuments de Bâle ou d'ailleurs, me semble bien platonique et à reléguer au rang des souvenirs historiques. Leurs sympathies sont pour l'Anglais qui leur apporte son or sans compter, pour l'Allemand, dont ils ont en grande partie la religion, la langue, les mœurs et l'esprit.

Ce parcours en Suisse est en somme le plus fâcheux inconvénient du voyage. Mais nous sommes pèlerins et nous verrons tant de merveilles ! Et comme je me vengeais de leurs froideurs hérétiques en chantant de toute mon âme : *Sauvez Rome et la France, au nom du Sacré-Cœur !* Que Notre-Dame d'Einsiedeln, que nous saluons de loin, qu'un Guillaume Tell catholique rende à ces pays la véritable liberté, la vraie indépendance !

A partir de Lucerne et de son beau lac, c'est le crépuscule, le soir, bientôt la nuit. On voit encore un peu, s'estompant dans le lointain, les grands sommets neigeux, les montagnes couvertes de forêts, les lacs immenses et tranquilles ; on devine, plus qu'on ne les voit, les splendeurs de la haute Suisse. Pendant que je récite mes Laudes, exhortant les eaux et les montagnes, les neiges et les glaciers à louer le Seigneur, j'entends les mugissements des torrents et le bruit des cascades accompagner les louanges divines, jusqu'à ce que des fracas étourdissants m'avertissent que nous entrons dans la région des tunnels. *Laudate Dominum, omnes abyssi* (1). On n'entend plus les grands bruits de la belle nature suisse : c'est un rugissement continuel de notre machine infernale, répercuté dans ces souterrains du Saint-Gothard. Des lueurs blafardes se succèdent périodiquement, le train se précipite éperdûment au fond de ces affreuses galeries. Parfois le rugissement devient tonnerre, cris de rage effrayants ; il semble que tout va se broyer dans ces abîmes. Que les minutes y sont longues ! B. Pierre Fourier, protégez-nous !

Dieu ! qu'ils sont incommodes, ces wagons suisses à couloir ! Pas de danger que le sommeil y empêche de jouir des paysages... quand il fait jour ; et la nuit, surtout à la traversée du Saint-Gothard, il semble que ce soit quelque moyen de locomotion en usage au Purgatoire du Dante.

(1) Abîmes, louez tous le Seigneur. (*Psalt. in Laud.*)

Enfin, c'est mardi. Entre deux pénibles assoupissements, j'entrevois les montagnes jeter l'une sur l'autre leurs masses désordonnées, les rochers se dressent en des ombres fantastiques, j'entends de nouveau les torrents se précipiter, les cascades tomber des hauts plateaux avec leur ligne verticale argentée, coupant les couleurs sombres des masses environnantes. C'est la vallée du Tessin.

Voici Bellinzona, les beaux lacs encore ensevelis dans le brouillard. Oh! les charmants paysages de Lugano à Côme! Les moins dormeurs vont en jouir en prenant l'air frais sur les plates-formes. L'excellente prière du matin au milieu de cette nature enchanteresse, encore un peu indécise!

Soleil radieux, maisons blanches au toit sans inclinaison, végétation plus avancée, plus luxuriante : nous sommes en Italie. J'entrevois les beaux lacs Majeur et de Côme, quelle superbe descente des montagnes !

*
* *

ITALIE. — Oui, maisons blanches, mais malpropres, c'est le symbole de l'Italie prétentieuse et miséreuse. Les gares sont mal tenues, nos wagons italiens grands et délabrés. Nous entrons dans cette antique et étrange région si favorisée par la Providence, mais si négligée par la paresse de ses habitants, pays où se mêlent la splendeur et la mesquinerie, pays de luxe et de mendicité, aux villes monumentales et sales, aux populations vives et paresseuses, fières et flagorneuses, artistes et débraillées.

Nous passons devant Milan, que nous visiterons au retour. Mais comme nous voilà faits, avec nos visages noircis et nos mains de mécaniciens italiens. C'est le cas de dire : *Si Romæ fueris...* (1)

Après avoir traversé les plaines fertiles de la Lombardie, Pavie, Novi, près des champs de Marengo, nous voyons encore changer le décor : ce sont les Apennins, muraille gigantesque qui nous sépare de Gênes et de la mer. Quels délicieux paysages, à la sortie des innombra-

______

(1) Si tu es à Rome, tiens-toi en Romain. *(Proverbe latin)*.

bles tunnels qui en sont le long vestibule souterrain ! Après un instant de ténèbres, la vive lumière de ces pays donne à ces tableaux successifs un éclat vraiment enchanteur.

**
* **

Gênes. — Malgré les confusions, les retards de toute sorte — très à la mode par ici. — nous pourrons donner quelques heures à la visite de Gênes.

Saluons d'abord la statue de Christophe Colomb, le grand navigateur chrétien, et ne saluons ni Victor Emmanuel, qu'ils ont fourré partout, ni l'infect Mazzini, qu'on ne retrouve guère moins dans ce royaume uni par usurpation.

C'est vraiment dommage de passer si peu de temps à visiter cet incomparable amphithéâtre de palais, de monuments. de maisons aux terrasses fleuries. aux balcons de marbre blanc.

Les Gênois nous regardent avec une curiosité peu sympathique apparemment, comme du reste nous le constaterons dans les autres villes, excepté à Rome et à Milan, peut-être. Les renseignements et les menus services ne se donnent ici que moyennant finance, et c'est selon.

Gênes la superbe est une ville pleine de souvenirs historiques : tous ses palais sont des pages d'histoire. Je ne puis visiter sommairement que le palais ducal ; je jette un coup d'œil admiratif du dehors sur les cours intérieures et les galeries des palais Royal. Balbi, Brignole, Doria. On voit rivaliser de splendeur avec ces palais des maisons de commerce en huiles ou en cafés, de banquiers juifs qui. là comme ailleurs, sont les seigneurs et maîtres.

Mais que je regrette. jusque sur les balcons de demeures princières, ces exhibitions de nippes lessivées ou non. Gênes. sous le rapport du débraillé. est incomparable, c'est un merveilleux colosse paradant en haillons. Disons pourtant que les rues modernes de certains quartiers se tiennent plus décemment

La cathédrale Saint-Laurent. aux marbres noirs et blancs. est remarquable aussi par ses belles fresques. Je ne puis obtenir de voir *il sacro catino* (plat de la Cène); le sacristain maussade — ils le sont tous là-bas, — me répondit qu'il fallait pour cela, non-seulement l'autorisation de l'archevêque, mais celle du Chapitre et du Conseil de ville. Je crois pourtant qu'une clef d'or ou d'argent eut suffi, comme partout en Italie, à exempter de tant de formalités.

Je passe devant un palais ayant une destination bien touchante, l'*albergo dei poveri*, un palais de marbre pour les ouvriers malades ou indigents ; l'aristocratie génoise savait donc aller au peuple ?

Après m'être égaré, grâce aux renseignements fautifs et intéressés d'un guide d'occasion, je me retrouve avec mes compagnons à l'Annunziata, la plus merveilleusement décorée des églises de Gênes. Il faut voir cette magnificence, cet amas de chefs-d'œuvre pour s'en faire une idée. Mais peu ou point de reliques exposées à notre dévotion, pas même celles de S. Catherine de Gênes ; d'archevêque encore bien moins.

Inutile, n'est-ce pas de citer nos autres visites ? L'église Sainte-Marie de Carignan, Saint-Cyr : c'est un éblouissement. Extrêmement pittoresque, le vieux port au coucher du soleil ! Je rentre en ville par les antiques portes et les vieux quartiers, où grouille une population qui n'a rien d'aristocratique, ni même de bien recommandable. Cela fait regretter le quartier Popincourt ou certaines rues de Charonne, et on ne trouverait pas en France, même dans la plus vile populace, hommes ou femmes, ce sordide laisser-aller génois qui frise l'indécence.

J'allais oublier mon excursion au Campo Santo, la magnifique nécropole de la ville. J'y trouve presque tout le pèlerinage avec Mgr Foucault. Peut-être moins antique que le Campo de Pise, celui de Gênes est incomparable par la beauté des monuments, la variété et la perfection d'expression des sentiments y communiquent la vie et la vérité au marbre : c'est un musée plein de chefs-d'œuvre, les chefs-d'œuvre de la douleur et du deuil, et je comprends que des princes aient désiré dormir là leur dernier sommeil.

En en revenant par la ville supérieure, je jouis du plus beau panorama qu'il soit donné de voir, cette ville de palais en amphithéâtre, ces montagnes, cette mer bleue qu'illumine le soleil à son déclin. Que le ciel doit être beau, si la terre par endroits est déjà si charmante!

Et voici des soldats italiens musique en tête ; comme c'est terne à côté de nos troupes françaises. Passons !

Après une réunion à la cathédrale, nous repartons le soir à la nuit.

* *

LE LITTORAL. — Quel dommage de voyager la nuit sur les bords de la mer ligurienne. Toujours des tunnels, plus de cinquante depuis le Gothard !

Le train s'arrête presque aussitôt : c'est un malade qu'il est bon de laisser à Gênes ; mais aucun danger. Allons, le bon Père nous protège.

La mer démontée arrive furieuse jusqu'à la voie du chemin de fer avec des grondements de tonnerre. Retirez-vous, flots de la mer, vous n'irez pas plus loin, laissez passer les enfants de Dieu ! Et les lucioles qui brillent parmi les cactus, et la lumière des phares, et la lueur des étoiles laissent deviner ces flots mugissants dont on voit encore, mais déjà indistinctement blanchir l'écume dans l'obscurité.

On prie en admirant la belle nuit d'Italie, on dort si l'on peut. Et pendant ce temps passent la Spezia, Pise, dont on ne voit rien, pas même la tour penchée, Livourne, Orbetello.

C'est mercredi, jour d'arrivée. Le soleil se lève radieux. Prières du matin et louanges de Dieu au bord de la mer Tyrrhénienne.

Voici bientôt Civita Vecchia dont les pèlerins vont contempler le port et voir l'arsenal. Rarement, j'ai vu la mer plus belle, je crois qu'elle nous fait fête.

Enfin, vers 10 h., dans le lointain, des dômes, quelques hauts édifices, bientôt la coupole de Saint-Pierre. Un tressaillement parcourt notre long convoi. C'est Rome, la Ville sainte, la ville du Pape, le but de notre voyage. Le *Te Deum* retentit dans tous les wagons ; les locomotives brûlent l'espace ; les anciens pèlerins de Rome montrent déjà aux nouveaux les monuments : Saint-Paul-hors-les-Murs et l'aqueduc de Claude, Saint-Jean de Latran, etc.

Il est 10 h. 1/2, le train stoppe en gare. Nous sommes arrivés. *Deo gratias !*

II. — LE PAPE

A St-Pierre : difficultés ; le défilé et la cérémonie ; le trône pontifical, l'illumination du soir ; visite de St-Pierre et de la coupole ; visite au palais du pape ; l'audience et ses joies.

RETENU en gare de Rome pour affaires, j'entre dans la ville au bruit du canon de midi ; le carillon joyeux de combien de cloches ! fêtant la S. Philippe de Néri, si chère aux Romains et annonçant les solennités du lendemain, me chante l'*Angelus* de l'arrivée, comme les cloches de la patrie m'avaient dit l'*Ave* du départ. Me voici casé dans une demeure hospitalière, accueilli en ami, littéralement gâté... C'est qu'ici reste vivant l'aimable et édifiant souvenir de Langrois, gens d'esprit et de cœur, qui y firent séjour, c'est qu'ici je trouve un ami de Langres qui va se faire un peu ma providence, c'est qu'ici nous sommes plusieurs pèlerins du diocèse, et, votre serviteur excepté, non des moindres.

- A tout seigneur, tout honneur. Pour moi, catholique et prêtre, pèlerin de Rome pour la première fois, voir le Pape dans l'éclat du Pasteur infaillible proclamant de nouveaux Saints, voir le Pape ensuite dans son palais et plus intimement : ce sera mon premier et principal souci.

* *

A St-Pierre ; difficultés. — Mais des avantages pareils ne sauraient s'acheter trop cher. On nous parle d'une Anglaise qui réussit, n'ayant nul titre à être admise à St-Pierre, à se procurer une carte d'entrée... pour 200 francs. Et la carte était fausse ! Nous aurons à payer la nôtre, bien authentique, d'un peu de patience : est-ce trop cher ? Ce n'est pas sans peine que nous parvenons à nous la faire délivrer ; croiriez-vous qu'on nous a oubliés, surtout les Langrois ? J'entends un Vosgien un peu vif vouer aux infernaux les auteurs de la méprise quels qu'ils soient, et proposer le retour immédiat à Mattaincourt. Doucement ! Voici Mgr Foucault qui a tout arrangé. Mais il faut faire constater sa qualité de pèlerin : la chaire de St-Louis des Français devient un véritable bureau d'identité. Il y a là un majestueux vicaire général qui semble se défier de mon accent italien ! !... J'ai ma carte. Qu'un bonheur mérité est doucement goûté !... A demain...

... C'est l'Ascension : le soleil se lève radieux. Nous allons être, aujourd'hui, quelque peu au ciel, comme S. Paul ; à considérer l'Église de la terre un instant triomphante, à écouter un écho des éclatantes solennités de Là-Haut. Vite, la prière ! La méditation, nous la ferons à Saint-Pierre. Mais voici que les églises sont assiégées, tous les autels occupés. Pensez donc ! un millier de prêtres italiens et étrangers en plus, et il faut être à St-Pierre pour 7 h. 1/2. J'avise Ste-Marie *della Minerva*, l'église des Dominicains, assez rapprochée. Avec un peu d'aplomb et d'adresse, j'obtiens assez vite de dire la Ste Messe. C'est à la chapelle St-Thomas, près du tombeau de Paul IV. J'y aperçois deux très beaux tableaux : les Sibylles et la dispute de S. Thomas d'Aquin.

Enfin, j'aurai été privilégié, car plusieurs, en effet, ne peuvent point jouir du bonheur de célébrer le Saint-Sacrifice en ce jour de fête. Lesté rapidement et solidement, car l'assaut sera dur au milieu des foules — et nous y serons plus de six heures, — je gagne, en compagnie du vénérable curé de St-Lambert de Vaugirard, la place toute fourmillante de St-Pierre, à l'aspect connu de tous.

On se hâte, on se pousse un peu sous l'œil souriant des soldats italiens, on se laisse porter, quelquefois dévaliser dans la foule qui s'engouffre. Enfin nous voilà dans l'immense église. Une première place est favorable pour le défilé, mais non pour la cérémonie, une seconde *viceversâ ;* voici un gendarme pontifical qui a les talons tournés : c'est mon affaire : un effort des coudes, un voisin complaisant et me voici hors des barrières avec les privilégiés : je pourrai m'asseoir et beaucoup voir...

Avec ses flamboiements de velours rouges et d'ors, de lustres et de rampes de lumières, St-Pierre cause plus que jamais, par rapport à ses dimensions, de la désillusion. C'est une vaste et éblouissante chapelle, n'ayant plus aux yeux l'écrasante grandeur de cathédrale du monde. Il faut me reporter à la minuscule apparence de quelques personnes grimpées dans les galeries pour me faire une plus juste idée des gigantesques proportions de l'édifice. Plus je regarde, plus cela grandit : je suis au point, cette fois, et c'est superbe!

* *

Le défilé et la cérémonie. — Voici le grondement de la foule qui prend des sourdines, des chants qui se rapprochent, des cierges, des croix d'or, des bannières : c'est un majestueux et immense cortège de prélats, de familles religieuses, d'évêques par centaines, de cardinaux, de brillants officiers ; cortège un peu long au gré de ma patience : c'est qu'il est fermé par Sa Sainteté et que les yeux oublient de regarder pour s'apprêter à mieux voir.

Enfin, *ecco, ecco* (1), entend-on partout. Dominant la foule du haut de la *sedia* (2), c'est Léon XIII qui s'avance, son cierge à la main comme tous les évêques. Son visage, un peu pâle, ressort entre les *flabelli* (3) roses, et paraît moins émacié qu'on ne le représente généralement. Se levant un peu, se tournant légèrement et lentement de droite et de gauche, il laisse tomber d'un geste très simple et très grand, paternel et royal, ses bénédictions sur la foule inclinée. Il paraît heureux. Son visage me semble refléter, en cette magnifique glorification de la papauté, quelque chose des sentiments du saint vieillard Siméon chantant son *Nunc dimittis*. Le Pape a désiré voir encore une fois un triomphe pacifique de l'Église, il le voit et il en est réjoui. Mais c'est bien à nous, pèlerins de

(1) Le voici.
(2) Trône portatif du pape.
(3) Eventails orientaux qu'on porte de chaque côté du Souverain Pontife dans les cérémonies solennelles.

France, de chanter notre *Nunc dimittis*: nous avons vu la lumière d'Israël, le Pontife suprême, l'infaillible. C'est Pierre dans son successeur, le chef du monde religieux, l'organe de l'Esprit Saint, qui va, dans son inerrance, placer au catalogue des saints, et Zaccaria et Fourier notre compatriote ; le Pape, enfin, avec ces 300 évêques d'Orient et d'Occident qui lui font cortège ! magnifique vision de l'Église enseignante, vision inoubliable et réconfortante.

Rien à ajouter à ce qu'a dit la *Semaine* (1) sur la cérémo-

(1) Voici ce qu'entre autres choses en disait la *Semaine* dans ses numéros des 29 mai et 5 juin 1897 :

Elle a été plus que splendide, cette solennité.

Les pèlerins lorrains-langrois s'y étaient préparés la veille, en assistant, à 5 heures, à un Salut solennel qui avait été donné, exprès pour eux, à Saint-Louis-des-Français et. le matin même, en faisant, dès le point du jour, une fervente communion.

Dire la beauté du spectacle qui s'offrit à leurs regards, ne serait pas chose aisée. La basilique de Saint-Pierre qui, depuis 1866, n'avait été le théâtre d'aucune canonisation était, en effet. décorée avec un art et une somptuosité qui tenaient vraiment de la féérie.

Sans tenter une description qui encore une fois, est impossible, essayons, du moins. de donner une idée de cette ORNEMENTATION à laquelle plus de 1,000 personnes ont été occupées pendant près de deux mois. et qui fait le plus grand honneur au goût du savant architecte pontifical : M. Busi Vici.

Tout au fond de l'abside, devant la Chaire de Saint-Pierre, avait été érigé le Trône du Pape. Une véritable merveille que ce Trône ! Figurez-vous un grand ensemble d'architecture en bois doré : sur la frise de cette architecture cette inscription : *Gloria coronasti eos ;* en haut, les statues de saint Pierre et de saint Paul et. au milieu, dans une gloire rayonnante. le Saint-Esprit sous la forme d'une colombe. Voilà ce qu'on pourrait appeler la charpente du monument. Les décors étaient à l'avenant. Le fond du Trône était formé par une vaste draperie de velours cramoisi. à crépines d'or. Au-dessus flamboyait une immense gloire de rayons dorés et plusieurs lustres en cristal entourant un grand tableau ovale avec l'image de la Très-Sainte Trinité. Sur l'extrémité des marches s'élevaient deux grands candélabres, de neuf mètres de haut, auxquels servaient de base deux lions ailés tenant chacun un livre ouvert avec ces inscriptions : *Pax tibi Leo pontifex meus. — Vicit Leo de tribu Juda.*

Les trois grands arcs de la coupole. ainsi que les arcs des chapelles latérales. étaient également ornés de superbes tentures à crépines d'or retombant en larges festons pleins de grâce et de magnificence. Près de huit mille mètres d'étoffe ont, dit-on, été employés pour l'ornementation intérieure de l'auguste édifice.

Au-dessous des quatre loges dites *des reliques* et qui s'ouvrent sur les quatre piliers principaux de la coupole. quatre grandes toiles, en forme d'étendards, avaient été attachées représentant des scènes de la

nie elle-même. Les chants de la Chapelle Sixtine sont vraiment incomparables pour la distinction des phrases palestriniennes ou mélodiques et des parties diverses sans nuire à la fusion symphonique de celles-ci, pour la puis-

vie des deux Bienheureux qu'on allait canoniser. Un cinquième étendard, où se voyaient les écussons du Pape et ceux des Chanoines réguliers et des Barnabites avait en outre été placé, au fond de la nef au-dessus de la porte centrale.

De chaque côté de l'autel dit de la *Confession de Saint Pierre*, étaient rangés des trônes brillants d'or et de pourpre, destinés aux cardinaux, aux archevêques et évêques au nombre de plus de deux cent cinquante, aux prélats de la Cour romaine et aux Consultants de la Sacrée Congrégation.

Mais c'est l'illumination, surtout qui par sa magnificence attirait tous les regards. Elle consistait en onze cents lustres de cristal artistiquement disposés, tant dans la nef que dans l'abside. Les lustres des grandes arcades formés chacun de trois grands cercles de bougies étaient entourés de vingt-trois autres lustres comprenant un faisceau de 250 bougies. Ceux des deux bras de la croix étaient plus gigantesques encore : portant chacun 450 bougies, ils étaient entourés de quatre cercles dont le principal n'avait pas moins de 10 mètres de diamètre. On a calculé qu'il y avait, hier, à Saint-Pierre environ 18,000 cierges allumés.

Ajoutons, pour ne rien omettre, que à l'extérieur, sous le portique que devait traverser la procession, se lisaient trois grandes inscriptions latines et que, sur la façade, une immense toile avait été attachée qui représentait les deux saints dans la gloire céleste.

. . . .

. . .

Un mot d'abord de la PROCESSION inaugurale.

Partie de la chapelle Sixtine un peu après huit heures, au chant de l'*Ave Maris stella*, elle a duré près de deux heures. Voici dans quel ordre elle s'est déroulée :

En tête et précédé d'une compagnie de la garde palatine, s'avançait le clergé régulier (12 membres de chaque Ordre) : venaient, ensuite, le clergé séculier, curés des paroisses de Rome et chanoines des collégiales, des basiliques mineures et patriarcales), puis les élèves des Séminaires et, enfin, Mgr le vice-gérant, entouré des membres du tribunal de S. E. le Cardinal-Vicaire. C'était là le premier groupe.

Dans le second, figuraient les membres de la S. C. des Rites, les consulteurs appartenant aux Ordres religieux et au clergé séculier, les prélats, les procureurs et les avocats des causes.

Derrière ces derniers, étaient portés avec beaucoup d'apparat et de solennité les étendards des nouveaux saints, peints par Monti et Galimberti.

Marchaient, ensuite, les personnages de la chapelle pontificale : procureurs de Collèges, *bussolanti*, chapelains, clercs secrets, avocats consistoriaux, camériers d'honneur et secrets ecclésiastiques, camériers participants, chantres pontificaux, et enfin, après le personnel des divers collèges de la Prélature, le dernier auditeur de la Rote, en *tunicelle*, portant la croix papale, le prélat doyen de la signature

sance et les délicatesses d'expression, la pureté des timbres et l'impeccable sûreté d'exécution. Fort bien placé pour n'en rien perdre, je pense pourtant que, si l'on

balançant l'encensoir, sept acolytes portant des cierges et deux maîtres *ostiarii*, gardiens de la croix.

Le cortège se continuait avec le clergé séculier portant les ornements blancs : le prélat auditeur de la Rote qui doit remplir les fonctions de sous-diacre apostolique, l'aube et la tunicelle : le diacre et le sous-diacre grecs, les ornements de leur rite. Ils étaient suivis des Pères Pénitenciers du Vatican, en chasubble damassée ; des abbés *nullius* et des abbés généraux en chape damassée et la mître de lin sur la tête. Arrivait, alors, tout l'imposant cortège des évêques, archevêques et patriarches du rite latin portant la chape lamée d'or et la mître de lin : ceux des rites orientaux avec les riches ornements qui leur sont propres. Plus de 350 prélats, disposés selon l'ordre de préséance, s'avançaient, ainsi, deux à deux et, derrière eux, les cardinaux.

Le dernier groupe était formé par la Cour pontificale, le prince Colonna assistant au trône pontifical, le vice-camerlingue de la Sainte-Eglise, les cardinaux Macchi et Steinhuber faisant fonction de diacre et de sous-diacre, les deux premiers maîtres des cérémonies et des officiers des gardes.

La procession, après avoir descendu l'escalier royal, traversa le portique de Constantin entra à Saint-Pierre par la porte de bronze.

Quand Léon XIII parut, mitre en tête, porté sur la *sedia*, enveloppé dans les plis du manteau pontifical, la main gauche recouverte d'un voile de soie brodé d'or et portant un cierge allumé, tandis que sa droite, se levant de temps en temps, bénissait la foule, il y eut un frémissement d'émotion dans toute l'assemblée et, sans la consigne sévère qui avait été donnée, l'assistance eut éclaté en applaudissements enthousiastes.

. .

Je viens de parler de L'ASSISTANCE : c'est ici le lieu de compléter ce que j'en ai dit samedi.

En dehors du comte Fourier de Bacourt, mentionné dans notre dépêche de *Dernière heure*, la famille du Bienheureux était encore représentée par M. Pierre Fourier de Bacourt, chef de bataillon d'infanterie et le comte Fourier d'Hincourt, colonel de cavalerie : M. Louis de Brabois, Mlle Henriette de Brabois, le comte d'Hincourt et M. Pierson de Brabois. Les tribunes du *Presbyterium* et du transept avaient été réservées au Corps diplomatique qui était venu tout entier et en grand costume : au Grand-Maître de Malte qu'escortaient une dizaine de ses chevaliers : au patriciat romain, aux postulateurs des causes des nouveaux saints ou aux députations de leurs Ordres religieux respectifs et des diocèses de Lorraine pour le Bienheureux Pierre Fourier et de la Lombardie pour le Bienheureux Zaccaria. Deux autres tribunes immenses et à plusieurs compartiments, pouvant contenir ensemble de huit à dix mille personnes, occupaient, à droite et à gauche de l'hôtel de la Confession, les deux nefs latérales du transept dites des saints Simon et Jude et des saints Procès et Martinien. Le reste du public — environ 25,000 personnes — était

compare ces chants à ceux de notre Maîtrise de Langres,
il y a, à l'avantage de celle-ci, je ne sais quel charme

massé dans la grande nef, des deux côtés du passage réservé au
cortège papal.

Le service d'ordre était fait — et bien fait, car chose extraordinaire,
on n'a eu aucun accident à regretter ! — par les gendarmes pontificaux
dont le costume rappelle celui des anciens gendarmes de la garde
impériale de Napoléon III : par la garde suisse au casque à pointe
orné d'une crinière blanche et au costume bariolé, rouge, noir et
jaune, dessiné par Michel Ange et par la garde palatine dont l'uniforme
ressemble assez à celui de notre garde républicaine.

De nombreux camériers de cape et d'épée en costume noir à la
Charles-Quint, fraise blanche et chaîne d'or au cou, faisaient le service
d'honneur près des tribunes.

La CÉRÉMONIE s'ouvrit par l'obédience.

Cardinaux et évêques tenant encore en main le cierge allumé qu'ils
portaient à la procession, vinrent tour à tour baiser, les premiers la
main et les seconds le genou du pape.

Quand le pape fut monté sur son Trône, les avocats consistoriaux,
au nom du cardinal Aloysi Mazella, procureur de la cause, s'avancèrent
et supplièrent Sa Sainteté d'admettre au nombre des Saints les
Bienheureux dont le procès avait été jugé.

A cette demande on répondit au nom du Souverain Pontife : « *Il
faut prier instamment afin que le Seigneur nous donne ses
lumières* ».

Tout le monde se mit alors à genoux et on invoqua tous les Saints
du ciel en chantant leurs Litanies.

Les avocats consistoriaux s'avancèrent, de nouveau, et demandèrent
la canonisation. A cette seconde prière, le Prélat secrétaire répondit :
« *Il faut encore redoubler d'instance et de supplications* ». On se
mit à genoux et on chanta le *Veni Creator*.

Les avocats se présentèrent une troisième fois devant le Trône
pontifical et sollicitèrent la canonisation.

Alors le Souverain Pontife s'assit pour prononcer la sentence
solennelle par laquelle il déclara et définit que les deux Bienheureux
devaient être mis au rang des Saints.

A ces décrets succéda le chant du *Te Deum*. A ce moment toute
l'assemblée se leva, les trompettes d'argent sonnèrent du haut de la
coupole de Saint-Pierre le triomphe des nouveaux saints et les cloches
de la basilique, bientôt imitées par celles des autres églises de Rome,
communiquèrent l'allégresse de l'assistance aux fidèles qui ne pou-
vaient pas en faire partie, puis la Messe fut dite, non par le Saint-
Père, comme on l'avait espéré et même annoncé, mais par S. E. le
cardinal Oreglia, doyen du Sacré-Collège.

Les chantres de la chapelle Sixtine exécutèrent avec une rare
perfection la *Missa Papæ Marcelli* de Palestrina.

Après l'Evangile, Léon XIII prononça l'homélie et donna ensuite la
grande bénédiction papale.

A l'offertoire Sa Sainteté procéda à la réception des offrandes
présentées selon la coutume au nom de la postulation des causes des
nouveaux saints : cinq cierges peints, avec, au bas, les armes du
Pape ; deux grands pains déposés sur deux plateaux d'argent, l'un

délicat difficile à constater au même degré chez les chantres
pontificaux.

. * .

LE TRÔNE PONTIFICAL. — Le Pape a pris place sur
son trône très élevé au fond de l'abside. De l'endroit où
je suis, surmonté et accosté de motifs lumineux, ce trône
paraît comme placé en dessus de l'autel sur le même
plan que le crucifix. Et, quand le Pontife apparaît là-bas
dans une auréole brillante au milieu de son splendide
collège de mitres blanches, il semble que le vicaire du
Christ et le Christ ne font qu'un, que le crucifix et la
blanche vision se confondent, que le chef visible et le
chef invisible sont là au même endroit à la tête de l'Eglise.
Oh oui ! *pro Christo legatione fungitur* (1).

Bientôt, après les Litanies, le Pape s'est assis : il a
parlé. Pierre l'infaillible a parlé par la bouche de Léon :
l'Eglise compte deux protecteurs de plus. L'Eglise de la
terre respectueuse et émue fait retentir un *Te Deum*
d'allégresse, tandis qu'au ciel entourant le trône du
Christ, le concile des Saints glorifie saint Pierre de Lorraine et saint Antoine de Milan et chante aussi son *Te Deum*,
l'éternel *Trisagion*.

Et quand, à la Messe, pendant l'Elévation, le Pape
agenouille sa suprême dignité devant l'Hostie sainte, que
les troupes pontificales rendent les honneurs, et que les
200 trompettes d'argent, du haut de la coupole envoient
des accords très doux, très harmonieux, presque angéli-

doré, l'autre argenté ; deux petits barils, l'un doré, l'autre argenté,
renfermant l'eau et le vin : trois cages enfin, renfermant la première,
2 tourterelles, la deuxième, deux colombes, et la troisième, plusieurs
petits oiseaux de diverse nature.

Ces oblations furent portées aux pieds du trône pontifical par les
postulateurs des causes, par les religieux des Ordres fondés par
saint Fourier et saint Zaccaria, et par les gentilshommes des
cardinaux.

Pendant que s'accomplissait cette cérémonie symbolique, un chœur
formé de 130 chantres placés dans l'abside et de 150 enfants placés en
haut de la coupole chantèrent un superbe motet, composé pour la
circonstance par le célèbre maëstro Mustaffa, sur ces paroles : *Can-
tate Domino canticum novum.*

Le Saint Sacrifice terminé, le Saint-Père se retira dans son palais.

(1) C'est bien le remplaçant, l'ambassadeur du Christ. (2 Cor. v. 20).

ques, on croirait que les nouveaux saints aient entr'ouvert la porte du ciel pour en laisser tomber un rayon, une harmonie, un bonheur! Il faudrait n'avoir rien dans l'âme pour ne pas se sentir alors délicieusement remué et dire comme S. Pierre : *Domine, bonum est nos hic esse !*

Après la si longue et à la fois si courte cérémonie, je revois le Pape, bénissant, souriant, heureux, se levant moins de la *sedia*, les joues légèrement colorées d'émotion ou de fatigue, peut-être des deux. Il paraît si bon, si bienveillant, si enthousiasmant pour des cœurs catholiques, que, malgré les recommandations de la carte d'entrée, aussitôt le Pape sur le seuil du temple, une clameur formidable, sans fracas, mais immense, forte et douce, comme le bruit ordinaire de l'Océan, s'élève sous les voûtes. J'y distingue surtout : *Vive Léon XIII ! Vive le Pape-Roi !* Un Milanais, mon voisin, ajoute même à pleins poumons : *Re di Roma e libero !* (1) — Amen !

L'ILLUMINATION. — Voici plus de 37 ans qu'on n'aura joui à Rome d'une telle promenade du soir vers St-Pierre illuminé. Tout Rome, dont la population s'est ces jours-ci augmentée d'un tiers, tout Rome est dans les rues. C'est un flot humain affluant vers le pont St-Ange. Tout à coup, là-bas, au loin, se dessine une resplendissante basilique de feu, brillante en ses lignes architecturales au milieu des ténèbres. C'est réussi, comme on sait faire à Rome, comme le sera demain l'embrasement du Colisée.

La place regorge de monde, mais calme, sans tumulte, presque recueillie : je laisse ma voiture et me mêle à la foule. Ce qu'on voit fait penser à ce qu'on ne voit pas et il vient à l'âme quelque tristesse, un regret. Ce qu'on ne voit pas, c'est la coupole, là-haut, dans l'obscurité, c'est le Vatican dont on devine la silhouette aux reflets de l'illumination. On sent du deuil derrière les joies de la Rome papale. C'est le mot que me lance naïvement une bonne

_____

(1) Roi de Rome et libre.

figure de bourgeois romain. « La coupole est en deuil,
dit-il, et le Pape aussi ! » Je réponds sans me gêner :
« Oui, c'est le deuil du Pape pleurant son indépendance
et... ce sera bien beau quand le Pape sera tout à fait chez
lui.—Alors on illuminera la coupole, n'est-ce pas ?—Oui,
oui, et encore le château St-Ange, *e tutta Roma*. (1) »

Au retour, je me laisse rêver en suivant machinalement
la foule, et je marche ainsi longtemps repassant en mon
âme cette journée mémorable, et parcourant une partie de
la Ville éternelle. Quelques rues, quelques palais illumi-
nés, une apparence de liberté qu'a su gagner ou prendre
Léon XIII... Non, le Pape n'est pas libre, et Rome est
triste, tant que n'aura pas pris fin l'usurpation.

VISITE DE SAINT-PIERRE ET DE LA COUPOLE. — Le
lendemain vendredi est encore pour le Pape, puisque je le
consacre entièrement à visiter Saint-Pierre et le Vatican.

J'arrive de bon matin à la sacristie de St-Pierre. Très
serviables, ces petits clercs romains, au rebours de bien
des sacristains des églises d'Italie ! Pas moyen de songer
aujourd'hui à l'autel de la Confession, fût-on évêque et
cardinal. J'obtiens pour ma messe la chapelle grégorienne
édifiée par Grégoire XIII, et l'autel de la *Madonna del
Soccorso* (2), au-dessus du corps du grand docteur S. Grégoire de Nazianze, et près du tombeau de Grégoire XVI.
Je voudrais faire mon action de grâces à la Confession,
mais personne n'entre : c'est même une grâce que l'on
me fait de me laisser pénétrer près de la porte dorée.
Mais tout de même, quelles délicieuses prières on y fait !
comme on apporte là tous ses intérêts, tout son cœur,
comme on n'oublie personne ! St-Pierre est un monde,
savez-vous ? Il y a, annexée à la sacristie, *une caffeteria* (3),
où je vais prendre un confortable déjeûner, car je dine-
rai quand je pourrai.

(1) Et Rome entière.
(2) N.-D. de Bon-Secours.
(3) Buffet aux rafraichissements.

Alors seulement je puis bien voir l'immense église, constater ses proportions (1), visiter en détail ses chefs-d'œuvre, ses autels, ses statues, ses mosaïques, les reliques si nombreuses dans la chapelle du Crucifix, la chapelle du Saint-Sacrement qui communique au Vatican, et où fut exposé Pie IX, la salle conciliaire de 1870, la chaire de S. Pierre, etc., etc. Qu'on me pardonne de ne rien détailler : je cours au hasard de mes souvenirs et de mes impressions. On me refuse, comme à tous ce jour-là, l'ascension de la coupole. Mais, *audaces fortuna juvat* 2, j'avise trois Vosgiens ayant la même déveine. Allons, en voiture chez l'économe de St Pierre ! Malheur ! il n'est pas rentré du Chapitre. Je reviens heureusement assez à temps pour me le faire indiquer, au moment où il passait la porte de la basilique. Mgr de Naeckert, chanoine-archevêque, très bourru, mais très bon me prouve la seconde de ses qualités, en nous accordant nos quatre permissions. Mais quel spectacle admirable vers ces 10 h. du matin ! De l'intérieur de la coupole, le dedans de la basilique est un abîme au fond duquel se démène une nuée de fourmis humaines. Et le *Tu es Petrus*, en lettres de 6 pieds, et les statues d'anges, et les quatre évangélistes gigantesques, et les mosaïques brillantes, tout cela ne saurait suffisamment se dépeindre : il faut voir.

Allons, quand on est jeune et Français, on ne descend pas de la coupole sans avoir escaladé la boule. C'est dit, c'est fait. Nous voilà tous quatre à 145 mètres de hauteur. C'est la moitié de la tour Eiffel, mais combien plus intéressant, plus ravissant, comme coup d'œil : Rome avec tous ses monuments antiques, la campagne romaine avec ses ruines, les montagnes au loin et la mer... tout cela sous les beaux rayons du soleil d'Italie. Non, Paris n'a rien d'aussi séduisant. Et comme on voudrait venir méditer souvent ici, laisser errer au loin ses regards, ses pensées et ses souvenirs !...

(1) Un détail pour en donner une idée. A peine entends-je, vers 9 heures, un léger murmure étouffé par le bruissement de la foule des visiteurs. Et pourtant ce murmure, c'est toute une nombreuse Maîtrise qui chante un morceau pendant la Messe du Chapitre.

(2) Les audacieux ont la chance. (Virg.).

Visite au palais du Pape. — Le Vatican est ouvert. Messieurs, allez déjeûner; moi, je vais chez le Pape.....

Quelle après-midi j'y passai! ce fut un éblouissement, hélas, bien trop rapide. Trop peu artiste, je quittai pourtant à regret toutes ces merveilles dont je sentais la beauté plus que je ne l'analysais. En totalisant les chefs-d'œuvre de tous les musées que j'ai visités en France et ailleurs, arriverai-je à l'équivalent de cette quantité de chefs-d'œuvre du Vatican? Et les loges de Raphaël, et les galeries peintes par ses élèves et d'autres maîtres presque aussi célèbres, où je perds délicieusement un temps que je regretterai peut-être demain, et les salles de l'Immaculée-Conception, et la Chapelle Sixtine avec son effrayant Jugement dernier, et les chefs-d'œuvre de la statuaire antique, le Laocoon, l'Apollon du Belvédère, l'Antinoüs, etc., etc., que j'avais vu cent fois reproduits ou dépeints et dont je contemplais l'original! Puis c'était le musée égyptien, la bibliothèque et ses manuscrits précieux, les galeries interminables d'inscriptions païennes et chrétiennes.

J'y suis presque seul avec un visiteur très au courant, j'examine tout à mon aise. Vraiment, la maison du Pape est digne de lui. Le chef de l'Eglise, la plupart du temps homme éminent dans les lettres divines et humaines, au milieu du palais des arts et des lettres le plus beau du monde : n'est-ce pas une preuve que l'Eglise est l'ennemie des lumières et de tout idéal de beauté ou terrestre ou surnaturelle!! J'en étais à me laisser ainsi rêver, quand je vois venir dans ma direction un groupe d'ecclésiastiques. Le plus vénérable, un prélat, m'adresse la parole avec un fort accent italien, m'entretient quelques minutes sur les détails de notre pèlerinage et mon séjour à Rome. Comment n'avais-je pas remarqué la calotte rouge tout d'abord? Je le fais assez à temps pour saluer mon auguste interlocuteur du titre de « Votre Eminence » et, tandis qu'il s'éloigne, je m'entends glisser à l'oreille par un des suivants : l'*Eminenza* (1) *Mocenni*.

_____

(1) Le cardinal.

Après quelques pourparlers assez grecs de part et d'autre avec les gardiens, mais seulement pour la forme, on m'ouvre les jardins. Rien de très étonnant, mais on y respire le calme et la paix. Il me semble à chaque détour que je vais voir la blanche silhouette de Léon XIII. Allons, patience, c'est pour dimanche.

Il y a un coin qui m'a bien charmé. C'est une grotte de Lourdes où le Pape, après un repos auprès de ses perruches blanches et ses poissons multicolores, vient parfois dire un *Souvenez-vous* pour l'Eglise et pour la France...

On me dit que le Pape est à sa villa... J'ai bien envie de me dissimuler dans un bosquet pour le voir passer. Mais le soleil baisse et je ne suis pas au bout de mes courses. Et puis... il y a longtemps que je n'ai déjeûné ! Un coup d'œil pour finir chez les mosaïstes, malgré un gardien hargneux, auquel je suis très reconnaissant de me mettre à la porte.

**

L'AUDIENCE ET SES JOIES. Samedi soir. Pas de chance ! Nous n'assisterons pas à la Messe du Pape. Comme pour la Messe de canonisation, *il signor* Lapponi a mis son veto ; et le Pape qui commande à tous, obéit au Dr Lapponi.

Je vais chercher ma carte à St-Louis des Français. Mgr Foucault me reçoit, et, comme Langres est naturellement encore oublié, Sa Grandeur m'apprend qu'Elle n'a plus entre les mains que 16 cartes d'entrée retenues d'avance, et daigne me promettre la 17e. — « Très flatté, Monseigneur. si cependant saint Fourier voulait, et que Votre Grandeur daignât recompter ! » Et le miracle est fait, j'ai mon billet, le 17e. Mgr et moi nous mettons à rire et je me sauve en le remerciant : je verrai le Pape ! J'ai appris plus tard que tous obtinrent des cartes, mais après de grandes difficultés et des pertes de temps regrettables. S. Pierre Fourier s'est chargé de réparer toutes les méprises de ce Monsignor Pericoli qui vraiment avait traité le pèlerinage lorrain avec une désinvolture toute italienne. Demandez plutôt à Mgr d'Armailhacq (1) et au cardinal Perraud. C'est le premier, je crois, qui, renvoyant le nombre désisoire d'entrées dont on l'avait gratifié, s'écriait : *A periculis cunctis libera nos* (2).

Dimanche soir ! Après une journée passée à visiter la Rome des Empereurs et des Martyrs, on se met en tenue pour aller voir le Pape. Nous arrivons au Vatican environ 1,200 : c'est assez, me dis-je à moi-même, pour ne rien voir du tout ; allons, un peu d'adresse. Par bonheur, on nous aligne dans la longue galerie des Cartes, qu'on eût pu appeler pour la circonstance la Salle de la Patience. Un voisin me dit que l'exactitude, qui est la politesse des rois, est chère à Léon XIII, mais que l'entourage italien est bien un peu encombrant parfois. C'est le cas apparemment. Bref, après une bonne heure employée à repasser mes souvenirs et ma géographie sous l'œil peu martial des Suisses et des gendarmes pontificaux, j'entrevois de loin la figure des cardinaux Langénieux et Perraud, nos hôtes du Séminaire français.

Le moment désiré approche. Je suis parfaitement bien placé, et au bon endroit : je pourrai voir de plus près Pierre, le vicaire du Christ vivant en son successeur. Mgr de St-Dié présente plusieurs pèlerins. Je ne suis pas assez grand personnage pour être présenté : si je pouvais me présenter moi-même !

L'escorte passe, puis les prélats, les cardinaux... voici le Pape, assis dans la *portantina*, tout blanc, tout radieux, tout paternel. Vivacité surprenante dans le regard, bonté dans toute la physionomie, avec au pli des joues et dans une légère moue de la lèvre inférieure, une pointe de douce, malicieuse et spirituelle ironie !

Au moment où le Pape va quitter mon voisin de gauche : « T.-S. Père, — osé-je murmurer un peu *con tremolo* (3), —pour mes parents si éprouvés, pour mes paroissiens, mes amis et moi, votre bénédiction ! — *Si, si, bene* (4),— m'entends-je répondre d'une voix encore forte, profonde et pleine de bonté, — et de quel diocèse ? — De Langres, T. S. P. — Langres ?... Mgr Larue... bien des choses... »

Puis, quand je lui ai baisé les mains et qu'il m'a béni ajoutant son petit soufflet amical, le Pape parle à un diocésain de Marseille de Mgr Robert et des missions récentes et fructueuses données par lui. Tout transporté de la faveur que j'ai eue, entre beaucoup de compatriotes, j'admire la mémoire vraiment étonnante de Léon XIII. Il semble que l'Esprit Saint, qui assiste cet admirable pontife et lui donne l'infaillibilité dans le magistère suprême, lui conserve une merveilleuse vitalité d'esprit naturel. Un vieillard de 87 ans, qui, après avoir reçu si intelligemment et les députations et les princes et les diplomates, après avoir travaillé aux encycliques et aux affaires importantes de l'Eglise, se délasse en composant la nuit des odes horatiennes, ce n'est certes pas ordinaire, et Léon XIII au Vatican est bien dans le cadre qui lui convient.

C'est fini. Je dis adieu au palais, à la petite chambre de travail au-dessus de la cour S. Damase, à tous ces chefs-d'œuvre et à ces souvenirs touchants. Nous allons quitter Rome le soir même à 11 heures. Vrai, je n'aurai pas eu grand'chose à regretter, sinon bien des omissions nécessaires, et le temps trop court donné à tant de merveilles. Mais j'ai vu le Pape, je lui ai parlé, et il m'a parlé. Il m'a parlé de mon diocèse, de mon évêque, il m'a accordé mes demandes. Que faut-il de plus ? Avec cela on peut quitter Rome. Comme tout à l'heure, dans le train, je vais, à ma prière du soir, dire du fond du cœur : Prions pour N. S. P. le Pape et pour Mgr l'Evêque, *Conservet eos, vivificet eos, beatos faciat in terrâ...* (1)

-----

(1) Qu'il les conserve, qu'il les vivifie, qu'il les rende heureux sur terre. (Vers tiré des Ps).

III. — ROME

Fête de S. Philippe et piété du peuple romain. — Langrois à Saint-Paul. — Les églises des Jésuites. — Une matinée aux Catacombes. — Les vieilles basiliques du sud de Rome, ou la Rome des martyrs. — Ste-Marie Majeure et St-Jean de Latran. — La messe à la Prison mamertine. — Un coin de Rome païenne : forum, palatin, Colisée.

FÊTE DE S. PHILIPPE DE NÉRI ; PIÉTÉ DU PEUPLE ROMAIN. — Ayant glorifié S. Pierre Fourier du mieux que j'ai pu aux cérémonies de l'Ascension et aux réunions du *Triduum* à St-Louis, ayant entendu ses louanges de tant de bouches éloquentes, il ne m'en voudra pas si j'ai profité de son pèlerinage pour faire une consciencieuse visite de Rome ; si, témoin de cette scène inoubliable d'une canonisation solennelle, j'ai voulu connaître le cadre du tableau : la Rome païenne, la Rome des martyrs, la Rome des Papes et des arts chrétiens.

Même en négligeant la *siesta* (1), je n'ai pu, on le comprend, que voir Rome en courant. Aussi n'attendez vous de moi ni descriptions, que vous trouverez partout, ni enthousiasmes, peut-être sincères, mais dont la continuité serait fastidieuse. Si vous voulez m'accompagner dans mes excursions de ces 3 ou 4 jours, nous verrons et nous admirerons rapidement, sans préjudice de l'édification et de l'esprit du pèlerinage : tout au contraire. Sinon, retournez tout de suite à la gare : vous nous y attendrez.

L'entrée en ville en venant du chemin de fer est quelconque. A peine se laissent remarquer quelques palais de peu d'apparence, c'est l'aspect d'une assez grosse ville de

____

(1) Repos de deux heures dans l'après-midi.

province. Mais quand, dans des courses préparées à l'avance et guidé par d'aimables *ciceroni* très au courant, on pénètre dans le vif de cette ville mystérieuse, quelle accumulation de merveilles, de temples, de palais, de ruines, de souvenirs! c'est vraiment, comme disait un de mes compagnons de voiture, « *l'unica, l'eterna Roma.* (1) »

A l'arrivée, dès mercredi soir, après avoir admiré tout à loisir la belle église de *Saint-Louis des Français* avec le monument de nos soldats de 1849, le tombeau de notre héroïque compatriote Pimodan et celui de Mme de Montmorin, — comme il serait difficile de beaucoup voir et de rien faire en ce jour férié de S. Philippe de Néri, passons par le Panthéon pour aller de là fêter comme tout le monde le Saint du jour et faire notre mois de Marie.

Le Panthéon, devenu *Ste-Marie della Rotonda*, est le plus beau monument antique et le mieux conservé de Rome, à proximité des anciens Thermes d'Agrippa, dont j'ai pu voir des restes dans les bâtiments du Séminaire français. Sous cette magnifique coupole, soutenue par des colonnes de marbre, près des tombeaux de Raphaël, de Peruzzi et d'autres artistes, ils ont osé mettre leur Victor-Emmanuel, l'artisan de l'usurpation, dont le tombeau, on s'en souvient, fut le point de départ d'une indigne manifestation antifrançaise au précédent pèlerinage. Quelqu'un voulait — par prudence — m'empêcher d'approcher. Allons donc! nous verrons bien. Je jette un regard de touriste curieux, dédaigneux et attristé, mais sans provocation, et sur le monument aux couronnes fanées et sur le registre, *tantorum causa malorum* (2): il était vierge de noms français. Et dans mon cœur, en fixant la mine piteuse et l'œil de fouine des deux gardiens, je sentais quelque chose comme une folle envie de leur crier sous le nez : *Vive le Pape-Roi quand même!* Mais soyons prudents puisqu'il le faut. Une prière pour la délivrance de

(1) L'unique, l'éternelle Rome.
(2) Cause de tant de maux. (Énéid.)

Rome et l'on sort. Allons ! suivons la foule. Elle visite les Sanctuaires où S. Philippe a laissé des souvenirs.

C'est d'abord *S. Augustin*, l'église de prédilection du bon Saint si populaire à Rome. J'y puis prendre sur le vif la vraie piété de la saine population romaine.

Mais c'est charmant, ces chœurs d'une musique très brillante et très nourrie, moderne et pourtant de bon goût, fort agréable en somme, où dominent des voix d'enfants se répondant d'une tribune à l'autre. Est-ce un avant-goût des fêtes de demain ? Oh ! ces passages, ces versets de psaumes où de multiples parties de *soprano* et d'*alto* exclusivement, se tiennent à une échelle étonnamment élevée, et montent parfois à perte d'ouïe, à des notes que je n'aurais jamais cru pouvoir être atteintes, et avec des tenues et des modulations d'une perfection désespérante! Jamais je n'ai entendu cela en France.

On me montre, mais à peine visibles l'Isaïe de Raphaël, une Vierge de S. Luc et l'endroit où sont placées les cendres de sainte Monique. — Je me mets à la suite des Romains et des Romaines de tout âge et de toute condition pour aller vénérer dans sa chapelle toute resplendissante, le corps de cet apôtre du petit peuple de Rome, puis baiser à leur suite la Madone miraculeuse *del Parto*. Comme ils appuient avec une ardente piété leur front et leurs lèvres au pied de l'image sainte ; comme ils se signent pieusement avec l'huile de la petite lampe ! Je les imite de mon mieux.

Allons à *St Charles du Corso*. La foule s'y presse encore en contemplant le beau tableau de saint Philippe en extase. Ici c'est le Mois de Marie avec les prières du *Triduum*. Etrange *Veni Creator*, litanies rapides, cantiques populaires sont lestement expédiés par des centaines et des centaines de voix d'hommes, de femmes, d'enfants, les uns debout, les autres à genoux ou accroupis. Tout cela chante ou plutôt chantonne *mezza voce* sur un ton nasillard, cela se précède, cela se suit, s'entremêle et ne s'accorde guère. C'est égal, c'est touchant, empoignant même, et bientôt, ma foi, je me prends à chanter aussi avec tous ces gens au cœur croyant et si simplement pieux : *Evviva, evviva Maria!* Délicieux coin de Rome.

A *St-Jérôme*, j'arrive trop tard pour visiter l'habitation de S. Philippe, ses reliques, son Crucifix parlant.

Passant par *S. Laurent in Lucina*, où se conserve le gril du diacre-martyr, je continue ma promenade par le *Corso*, cette longue rue toute ordinaire, aboutissant à la Porte du peuple, et qui est si fréquentée. Elle est encombrée aujourd'hui en cette veille, en ce jour de fête. C'est la Rome bourgeoise ; on vient voir les étrangers, qui rendent, eux, avec usure cette curiosité : foule bigarrée sans dédain ni bravade, plutôt sympathique. Une note choquante pourtant, ces Garibaldiens avec leur chapeau à plume, fi donc ! l'horreur ! J'en détourne la tête.

Et en rentrant, ce soir-là, comme celui du lendemain et du dimanche, j'avais le spectacle du petit peuple romain chez soi, les familles réunies et causant entre elles en plein air du soir, dans une franche intimité, les petits enfants endimanchés et venant gentiment nous dire : *La buona sera, padre !* (1) C'est la bonne vieille Rome, celle du Pape : Garibaldi et ses patrons n'ont pu l'étouffer. Mais rentrons, il est tard.

Au moment du repos, pendant que les cloches carillonnent de tous côtés, j'entends une mélodie lointaine, étrange et très agréable. C'est l'*Ave*, l'*Angelus* des Romains, qui, au son de la cloche, se réunissent par petits groupes au pied d'une Madone aux coins des rues ou des places publiques, et bénissent Marie.

Ai-je besoin de vous dire, qu'à ce soir du jour d'arrivée, jouissant d'un bon lit pour la première fois depuis 4 jours, j'y dors le sommeil du juste. Plus de trépidations de wagons, plus de voyageurs bavards, plus de fracas de tunnel, seulement de petits anges dans un temple illuminé me chantant en rêve : *la buona sera, Ave Maria*. Oh ! oui, *la buona sera !*

* *
*

Langrois a Saint-Paul hors les murs. Jeudi soir. Je n'ai plus l'air, maintenant que me voici nettoyé après le retour de l'église St-Pierre, d'un cirier en exercice...

---

(1) Le bonsoir, mon père !

Allons, tant pis et tant mieux, le Pape n'allant pas en solennité vénérer les reliques, je vais arranger ma soirée autrement. En route pour *Saint-Paul hors les murs*, cette féerique église élevée sur 80 colonnes de marbre au lieu des adieux des deux grands apôtres. Un jeune prêtre Napolitain, rencontré en tramway, se fait mon guide. Il a trois affections : le Pape, Naples et la France : nous sommes bien vite amis. Nous vénérons le corps de S. Paul, celui du disciple Timothée, à l'autel de la Confession, sous un baldaquin dont les 4 colonnes valent un million pièce, puis le Crucifix de Sainte Brigitte, admirablement expressif. Ne manquons pas de voir le cloître de S. Benoît avec le corbeau traditionnel. Que de marbres remarquables et de belles mosaïques, surtout les 260 portraits des Papes !

Il me plaît de pousser une pointe jusqu'à *Saint-Paul Trois-Fontaines*, l'église des Trappistes. Ah ! pour le coup, on parle français, et c'est moi qui suis interprète. Charmant, ce frère jardinier, originaire de Belley. A son propos, il me plaît de reconnaître, sans vouloir juger sévèrement l'attitude du clergé séculier de Rome, que les religieux y sont fort gracieux et obligeants. Chaque fois que j'avais la bonne fortune, pour visiter une église de rencontrer l'un d'eux, j'étais sûr d'être renseigné complètement et d'une façon très agréable.

Saint-Paul Trois-Fontaines est l'endroit où l'Apôtre des nations fut décapité, faisant jaillir à chaque bond de son auguste chef sur le sol trois sources miraculeuses. Je bus et j'emportai pieusement de l'eau de la première. Ici point de scepticisme, la foi coule abondante comme l'eau de ces sources saintes.

Nous sommes en pleine campagne romaine. Je me souviens qu'à mon Grand-Séminaire, me trouvant un peu à l'école de la souffrance physique, mon excellent Supérieur m'avait été parfois d'un grand secours avec son eucalyptine de Saint-Paul Trois-Fontaines. J'en parlais à mon Napolitain, quand, savez-vous qui je vois devant moi ? Mon vénéré compatriote (1) lui-même conduisant

(1) M. l'abbé Perriot, ancien supérieur du Grand-Séminaire, directeur de l'*Ami du Clergé*.

un petit groupe langrois. Nous échangeons nos souvenirs et nous faisons ensemble au magasin du couvent, nos pieuses provisions, sans oublier l'*eucalyptine*. Les pèlerinages ont de ces charmants hasards.

Mais que d'Evêques ! Aujourd'hui on rencontre Leurs Grandeurs un peu partout dans les sanctuaires de Rome ; ils sont aussi nombreux à proportion que les prêtres à Langres un jour d'entrée en retraite. Nous en saluons deux sur la voie d'Ostie.

Ce qu'on y rencontre bien davantage, par exemple, et d'une façon permanente, c'est une légion de mendiants. La voie d'Ostie offre décidément les plus beaux spécimens de Rome mendiante et miséreuse : c'est une longue Cour des Miracles. Tout y tend la main, depuis ces horribles miocles déguenillés faisant la roue à 2 ou 300 tours pour un sou. depuis ces femmes qui sordidement s'exhibent avec leurs nourrissons authentiques ou non. jusqu'au camelot qui vous vole sur le prix de sa pacotille. et par derrière vous enlève s'il peut votre porte-monnaie, jusqu'à votre cocher qui *per la mano* (1), exige le triple de ce qui lui est dû, et ralentissant son équipage à l'approche d'un mendiant, semble d'accord avec lui pour faire son client, quitte à partager ensuite les dividendes !

Je m'en délivre en allant visiter *Sainte Prisque* sur le mont Aventin, près des cachots du Grand Cirque. Je puis m'y faire montrer la crypte et les fonts où S. Pierre baptisa lui-même la vierge Prisca. (qui, dit-on, fut la première martyre de Rome), ainsi que plusieurs autres des premiers confesseurs de la foi du Christ.

Entrons, enfin, visiter *Santa Maria in Cosmedin*, bâtie sur l'emplacement et avec les colonnes du temple de Cérès. Ce qui m'y intéresse davantage, ce sont deux très vieux ambons et les reliques de S. J.-B. de Rossi.

Et c'est assez pour terminer cette splendide journée de la canonisation, couronnée, comme je l'ai dit, par l'illumination de St-Pierre.

---

(1) Comme pourboire.

Les églises des Jésuites. — C'est vendredi soir :
mon charmant (1) compatriote de Santa-Chiara, malgré
l'imminence d'un examen de doctorat — que j'ai appris
depuis avoir été couronné d'un plein succès — veut bien,
en mon honneur et en ma faveur, se donner congé.
Allons aux églises des Jésuites !

Non loin de la place de Venise et de S. Marc, où j'avais,
hier, en passant, vénéré les reliques de l'Evangéliste,
voici d'abord le *Gesu*, cette magnifique église, vrai centre
de l'illustre Compagnie, où l'on nous montre le corps de
S. Ignace, sa belle statue à tête d'argent ; sa chambre aux
touchants souvenirs et qui fut celle de S. François de
Borgia, où conversèrent tant de saints : son autel où
célébrèrent aussi S. Charles, S. François de Sales et S.
Philippe de Néri ; la chambre et le crucifix des Constitu-
tions avec les autographes de l'acte d'obéissance des
5 premiers Jésuites, et de plusieurs lettres de saints :
tout cela nous est ouvert avec une admirable complaisance.

Entrons ensuite à l'*église Saint-Ignace*, prier à la belle
chapelle de S. Louis de Gonzague devant son corps,
devant celui de S. Jean Berckmans, à la chapelle de S.
Stanislas Kostka dont le corps est à *St-André du Quiri-
nal*. Voici, à côté, la chambre de S. Louis avec la porte
contemporaine du saint, son portrait commandé par son
père, sa théologie résumée de sa main, son cercueil, une
foule d'objets lui ayant appartenu ; — puis la chambre
de Jean Berckmans, — celles enfin, avec la chapelle, où
siège la Mère des Congrégations de la Sainte Vierge, la
Prima primaria ; les secrétaires nous en font gracieuse-
ment les honneurs. — Voici attenant, avec l'Observatoire
Secchi, le Collège Romain, pris aux Jésuites par l'usur-
pateur, et lieu de recel de toutes les richesses bibliogra-
phiques volées çà et là dans Rome. On vend sous les fenêtres, comme sur les quais de Paris, tout ce qui, des
plumes du paon, n'est point du goût du geai piémontais.
Quelle misère !

____

(1) M. l'abbé Valton, docteur en S. Thomas et en théologie.

Au moment où nous repassons devant St-Ignace, touchant épisode : tous les étudiants de l'Université Grégorienne, de toute nation, Germaniques au costume rouge, Espagnols à la pèlerine passementée de bleu, Français en manteau, élèves de la Propagande qu'on prendrait pour de jeunes prélats, viennent au sortir des cours et avant de se séparer, faire leur mois de Marie dans cette église de l'ancien Collège Romain : muette et éloquente protestation ! Prions et protestons un instant comme eux avant de rentrer en passant par S.-Maria in Aquino.

Mais auparavant je veux faire un petit supplément de promenade tout seul jusqu'à la place Navone, voir l'église *Ste-Marie dell'Anima*, celle de *Ste-Agnès*, avec la crypte qui fut l'ignoble prison de la jeune patricienne et le lieu de son martyre, — puis, tout avant sa fermeture, l'église des Théatins, *St-André della Valle*, avec les 4 Évangélistes, chef-d'œuvre du Dominiquin.

A demain les grandes excursions avec un groupe de commensaux.

* *
*

La Messe aux Catacombes. — J'ai dû me séparer du groupe pour prendre quelques compatriotes. Nous voici arrivés dans l'immense propriété des Trappistes, gardiens de l'entrée des Catacombes. Mais d'entrée, point, de frère gardien, point ; nous sommes perdus... dehors. Pas d'autre ressource que d'aller révolutionner le couvent : *Erramus sicut ovis quæ periit*, criai-je à une bonne tête de religieux apparaissant dans l'entrebâillement de la porte. — *Nunc habetis pastorem*, répondit-il en souriant, *nolite timere et expectate...* (1) Enfin nous voici dans une partie de cette immense crypte aux galeries sans fin et dont l'église supérieure est la Ville Éternelle. Précédé de mes compagnons que guide une petite lumière, je marche derrière eux dans l'obscurité, guidé par le bruit de leurs pas, comme ces premiers chrétiens qui se glissaient furtivement.. Quelle impression

____

(1) Nous errons comme la brebis perdue *(Ps.)* — Allons, voici le berger, un peu de patience et de courage.

quand j'arrive à une chambre souterraine, éclairée par les
cierges d'un autel où le prêtre élevait la sainte hostie,
spectacle entrevu par combien de martyrs la veille du
supplice ! Que de saints héros se sont succédés autour de
cet autel du tombeau de S. Urbain, de cet endroit où le
corps de Cécile reposa 300 ans. y ont offert leur sang
avec le sang de l'Agneau, *pridie quam paterentur* (1). Et
les détails rendent la scène encore plus saisissante : voici
qu'on manque de pain et de vin pour la sainte Messe :
puis il y a presse : « C'est entendu, n'est-ce pas, me dit
un bon Vosgien, les célébrants du temps des persécutions
n'avaient pas le temps d'allonger la sainte Messe ; ils se
hâtaient pour leurs compagnons. quittes à méditer plus à
loisir en allant au supplice. » Et les Messes se succèdent
vivement et pieusement !

J'y donne la sainte Communion à des pèlerins, à des
compagnons de Langres. Comme, en célébrant, en com-
muniant en ces augustes lieux, on sent la foi, l'amour de
N.-S. se raviver, se centupler dans l'âme ; on en sort,
semble-t-il, plus fort pour braver les ennemis et les dan-
gers, en répétant la prière des martyrs : *Ne tradas bestiis
animas confitentes tibi* (2).

On continue son action de grâces en parcourant les interminables galeries (3). Ici une salle avec un *arcosolium* (4)
et le tombeau d'un pape-martyr : ici des peintures naïves
récemment explorées et montrant, clair comme le jour,
l'unité de croyance des premiers chrétiens aux sacrements,
au purgatoire, l'antiquité du culte de la Sainte Vierge et
des Saints, — une réfutation en règle du protestantisme
et du rationalisme 1200 ans avant la lettre ; là des tombeaux, là des ossements, des reliques... Quel dommage
que l'excommunication soit un obstacle aux pieux lar-
cins !

Nous quittons les Catacombes émus et fortifiés. pour
aller... au supplice ? Non. tranquillisez-vous pour l'instant, mais simplement et prosaïquement faire honneur à

(1) La veille du supplice *(Missal.)*
(2) Ne livre pas aux bêtes infernales les âmes de tes fidèles...
(3) Creusées dans le tuf et la pouzzolane roussâtres.
(4) Renfoncement dans le paroi au-dessus d'un tombeau.

la souriante hospitalité des religieux et réparer les fatigues de notre égarement de ce matin et d'une excursion à jeun dans ces sombres et humides souterrains.

Suivons la voie Appienne jusqu'au tombeau bien conservé de Cécilia Metella, cette voie célèbre si souvent parcourue par les patriciennes et leurs esclaves, bordée autrefois de villas et de mausolées, semée de catacombes et de souvenirs. Après une excursion au grand trot dans la campagne romaine pour conduire nos visiteurs à St-Paul-hors-les-murs, je regagne, moi, la porte St-Paul pour rentrer en ville. Je ne sais plus si c'est à cet endroit, mais n'importe : je vois un ecclésiastique au costume français occupé, à ce qu'il me semble, à prendre des vues photographiques avec un mignon appareil : j'approche et je reconnais... Mgr Foucault, notre aimable chef de pèlerinage !

* *

LA ROME DES MARTYRS. Vous allez voir que je suis vraiment prédestiné. Obligé de laisser partir après déjeûner mes compagnons, je vais être réduit à remplir, seul, comme je pourrai, cette partie du programme. Mon cocher, que j'envoie à Ste-Marie du Transtevère, me conduit à St-Pierre in Montorio... Qui est-ce que j'y trouve ? nos amis et guides dont je vais pouvoir heureusement profiter...

St-Pierre in Montorio, l'église des Franciscains, sur le Janicule, avec sa Madone miraculeuse, est sur le lieu du crucifiement de S. Pierre. Il y a un petit sanctuaire sur l'excavation qui reçut la croix de l'apôtre. Voici *Ste-Marie*, une des plus belles et des plus populaires églises de Rome, avec le tombeau de S. Callixte et la fameuse source d'huile qui jaillit à la naissance du Christ. Son pavé est de toute beauté et ses colonnes sont celles du temple d'Isis.

Nous traversons en ce moment le quartier du Transtevère si attaché au Pape, si romain et si pieux : on me fait remarquer les types magnifiquement conservés de ces Romains et Romaines d'un autre âge.

Arrêtons-nous à *Ste-Cécile*, l'église bâtie sur la maison de cette martyre. Dans la crypte, nous prions devant sa statue bien connue, la représentant la face contre terre; devant cet autel qui, sous son baldaquin aux marbres rares, renferme les reliques de la Sainte, des Saints Valérien, Tiburce, Maxime et autres néophytes de S. Urbain. Je descends au *caldarium* (1) de la salle de bains où Ste Cécile fut martyrisée et laissée trois jours durant la gorge entr'ouverte, étendue dans la vapeur chaude s'échappant des tuyaux : je puis voir encore les tuyaux de plomb et les conduites d'eau en briques, la dalle où Cécile reçut le coup mortel... C'est un touchant complément de ma visite aux Catacombes.

Une prière à *St-Côme* et à *St-Chrysogone*, cette dernière, église remontant, pour plusieurs de ses parties et de ses mosaïques, à Constantin lui-même : — et me voici à *St-François* où l'on me montre la cellule du Saint, renfermant son oreiller... de pierre. C'est un avant-goût d'Assise.

Remontant près du quadruple hôpital St-Michel pour passer, sur le nouveau pont Sublicius, le Tibre éternellement embourbé, je rencontre la belle église des Somasques, ouverte par bonheur aujourd'hui. Elle est sur la maison paternelle de S. Alexis et sous son vocable. Voici l'escalier de ce patron des pèlerins, et, sous la confession de marbre vert, ses reliques et celles de S. Boniface et Ste Aglaé.

A *Ste-Sabine*, un peu plus loin, avec ses 24 colonnes en marbre de Paros, nous vénérons à la confession, avec le corps de cette martyre, immolée ici-même dans la demeure de son père, tout un trésor d'ossements de confesseurs de la foi. Gardons-nous d'oublier une visite à la chambre de S. Dominique, à celle de S. Pie V, où se voit encore son crucifix.

Nous traversons l'Aventin dans sa largeur : voici des ruines, des ruines majestueuses. Ce sont celles des Thermes de Caracalla, monument païen, dont la visite en détail va couper un peu celle des églises.

Ces immenses bains, sur neuf hectares de superficie,

----

(1) Chaufferie des bains.

étaient les plus vastes, les plus complets et les plus fréquentés de la Rome des empereurs, avec leurs 600 baignoires : aujourd'hui encore les restes des vastes *caldaria* communiquant avec les fourneaux contigus par des conduites en briques ; la grande piscine de natation ; les restes de marbres, de mosaïques, d'*opus alexandrinum* (1) : ces immenses murailles démantelées et comme pantelantes qu'on croirait à chaque instant devoir vous ensevelir sous leur chute ; ces fragments de voûtes tombés d'un seul bloc sous les secousses des tremblements de terre et entraînant avec eux les mosaïques des paliers supérieurs ; tout cela, assez bien entretenu, nous donne une idée du luxe et de la magnificence des maîtres du monde... Et pendant ce temps, des visiteuses, point Anglaises pourtant, du haut d'une galerie, se moquent de nos attitudes d'archéologues d'occasion. C'est ce qu'elles trouvent probablement ici de plus piquant : nos têtes modernes dans ce cadre antique...

Les voici maintenant plus sérieusement préoccupées : on leur montre en effet, ainsi qu'à nous, la maison de Fabiola sur la voie Appienne que nous reprenons ici. C'est maintenant l'église des *SS. Nérée et Achillée*, adossée aux Thermes. Dans ce vénérable sanctuaire, nous honorons les reliques de ces martyrs et de Ste Domitille. Tout en repassant dans notre esprit les délicieuses descriptions du cardinal Wiseman, nous admirons le plus beau chandelier pascal en marbre noir sculpté qu'il y ait au monde, l'antique ambon, la chaire où S. Grégoire le Grand prononça une de ses plus célèbres homélies. Quelles pieuses jouissances on goûte par ici !

Tout à côté, c'est *St-Sixte*, lieu des adieux de S. Laurent et berceau de l'Ordre des Dominicains, avec leur première salle du chapitre, puis *St-Césaire*, qui est fermé, malheureusement.

Il faut parcourir de nouveau la voie Appienne, laisser à gauche le tombeau des Scipions, et sortir par la porte St-Sébastien. — Après avoir prié au *Domine quo vadis* (2;

(1) Pavage en pierre multicolore imitant la mosaïque.
(2) Endroit où d'après la tradition N.-S. apparut à Pierre fuyant la persécution.

nous arrivons à la basilique où Ste Lucine ensevelit le corps de Sébastien près de ceux de S. Pierre et S. Paul : c'est à l'ancien cimetière de St-Calixte. Cette basilique, la plus ancienne peut-être qui ait été, à Rome. convertie en église, puisqu'elle le fut par Constantin et bénite par S. Silvestre, renferme le corps du pape-martyr S. Etienne. — Voici, dans les Catacombes de l'église, la *Platonia*, où furent cachés les corps des deux apôtres, la chambre des premiers papes. puis la basilique souterraine avec ses *arcosolia* en cercle et la chaire où fut martyrisé S. Etienne. Vraiment la terre l'on marche ici est une terre sainte, une véritable relique : j'en recueille un peu pour la joindre à ce que j'en ai déjà ramassé aux Catacombes ce matin.

Retournant rapidement, nous voici à la voie Latine. à *St-Jean* près de l'endroit du martyre de l'apôtre bien-aimé. Le petit oratoire de *St-Jean in Oleo* (1), à peu de distance, nous est également ouvert. par une faveur aussi précieuse que rare. Très curieux avec la chaudière de St-Jean, le bas-relief ancien en terre cuite rouge, et l'ermite!... Connaissez-vous l'ermite. ce petit homme très pieux, très ardent. très sympathique. qui n'aime au monde que Rome et la France du Sacré-Cœur et qui nous dit, en guise d'adieu les clauses de son testament : Mon corps ici et mon cœur à Montmartre !

Allons, saluons des compagnons langrois que nous retrouvons ici, et entrons à *St-Etienne-le-Rond*, cette ancienne boucherie convertie en église avec, peints autour de la paroi intérieure. les supplices variés des premiers martyrs : c'est le résumé de leur histoire, que les Romaines viennent souvent apprendre ici à leurs enfants, avec l'amour de l'Eglise et du Pape.

Plus loin, voyons *Ste-Marie in Navicella*, l'église des pauvres et du trésor de S. Laurent ; *S-Thomas*, avec la chambre de S. Jean de Matha ; *St-Jean et St-Paul*, avec ses colonnes et ses lions antiques. la chambre et les reliques de S. Paul de la Croix : et enfin, après *l'église des Quatre-Couronnés*, voici *St-Clément* sur les *œdes pater-*

____

(1) S. Jean, en l'huile bouillante.

næ (1) du saint Pape, et sur la maison de Tarquin dont il reste encore des substructions après 25 siècles. Il y a deux basiliques dont la souterraine, découverte en ce siècle, est la plus ancienne. Les fresques représentant notamment le martyre de S. Clément à Cherson, les chambres dominicales de S. Clément avec leurs sujets païens, l'urne des reliques de Flavius Clemens, tout cela captive notre pieuse attention.

Tournant l'Esquilin, je vais voir *Ste-Praxède*, sur l'oratoire des deux filles de Pudens. Nous vénérons la colonne de la flagellation, l'éponge que sainte Praxède imbibait du sang des martyrs, le puits où elle mettait leurs ossements, son lit de marbre à elle ; l'habit de chœur et la table de S. Charles. — N'oublions pas *St-Martin*, la belle église des Carmes, avec l'oratoire et la tombe du pape-martyr S. Silvestre.

St-Pierre-ès-liens est le rendez-vous des évêques de passage à Rome, paraît-il. Le fait est qu'on n'y entre guère sans en rencontrer : nous en trouvons seulement deux. Grâce à la bonté prévoyante de Léon XIII, tout cela nous est ouvert. Dans le tabernacle de bronze, je puis vénérer les chaines de S. Pierre avec un fragment de celles de S. Paul ; puis je m'agenouille devant les reliques des frères Machabées. La Confession est de toute beauté.

Redescendons vers *Ste Françoise*, prier au tombeau de la sainte veuve, si chère aux Romains. C'est la place d'un temple de Vénus, nous dit-on. Soit. En tout cas, grâce à l'adresse charmante et courtoise de notre cicerone, la digne Supérieure de *Tor di Specchio* (2), héritière sans doute de la charité de la sainte fondatrice Françoise, et faisant preuve envers nous d'une inépuisable complaisance mêlée à une exquise politesse romaine, nous fait les honneurs de la maison de l'illustre veuve. On nous montre ses vêtements, les ustensiles servant à ses charités, sa chambre, le tableau de l'enfer peint sur son ordre d'après une de ses visions. On ne peut rien voir de plus

---

(1) Maison paternelle.
(2) Nom du couvent de Ste Françoise Romaine.

terrifiant, sinon peut-être les poutres de l'appartement tailladées et tordues par la rage furieuse du démon. On voudrait s'y attarder, mais il fait nuit et il faut rentrer, la tête et le cœur remplis, à en éclater, des souvenirs et des émotions de cette course à travers les tombes des saints et des martyrs. *O Roma felix, quæ martyrum es consecrata glorioso sanguine!.....* (1) Nous la terminerons demain.

* *
*

La Messe a la prison Mamertine. — C'est dimanche, dernier jour à passer à Rome. J'ai vu avant-hier l'Eglise catholique dans le triomphe de son chef; voyons-là à son tout premier berceau. Je vais dire ma Messe à la prison de St-Pierre : j'aurais dû m'inscrire la veille, mais j'ai confiance dans mon étoile, et j'obtiens du coup de pouvoir célébrer dans une demi-heure. Je mets mon nom sur le registre, où je retrouve celui de nos Langrois du pèlerinage et je descends dans l'horrible *Tullianum*, non plus par l'antique soupirail en cheminée, mais par un escalier moderne ; je vois ce lieu où furent enfermés ou suppliciés Jugurtha, les complices de Catilina et notre Vercingétorix, où furent enchaînés S. Pierre et S. Paul. Voici la colonne avec l'anneau où était fixée la chaîne, la fontaine jaillie miraculeusement pour baptiser les gardes Martinien et Processe, et à laquelle j'aime à me désaltérer. Pierre, prisonnier du *Tullianum*, me fait penser au prisonnier du Vatican, et pendant que je dis la Sainte Messe, il me semble entendre dans un écho lointain les cris d'horreur des païens égorgés, les gémissements des martyrs, leurs prières avant d'aller au supplice, et je prie pour Léon XIII, pour l'Eglise dont ce lieu de larmes et de sang fut le berceau.

Je vais faire mon action de grâces à *Ste Pudentienne*, où, comme sa sœur Praxède, la sainte fille du sénateur romain plaçait dans un puits les reliques et le sang des martyrs, en attendant d'avoir elle-même la palme glo-

---

(1) O Rome bienheureuse, consacrée dans le sang glorieux des martyrs. (*Hymn. fest SS. Petri et Pauli*).

rieuse. On me fait voir ce puits vénéré, des mosaïques du palais de Pudens, et la table d'autel où célébra S. Pierre.

* *

Sainte Marie Majeure et Saint Jean de Latran. — Je me fais conduire pour la mieux revoir — car je l'ai déjà vue rapidement avant-hier — à la basilique de *Sainte-Marie-Majeure*. Avec ses 40 colonnes de marbre, sa splendide chapelle de la Sainte-Vierge, le tableau miraculeux de Marie peint sur bois de cèdre par S. Luc, sa chapelle du Crucifix, c'est une des maîtresses églises de Rome. Je prie à la confession près du corps de S. Matthias, puis devant le tombeau de Pie V; mais je regrette de ne point voir la crèche.

Une rapide promenade à *St-Laurent-hors-les-Murs.* — avec ses deux basiliques superposées. — pour honorer les reliques de S. Etienne et de S. Laurent, les deux illustres diacres; et je reviens à *St-Jean-de-Latran*, le siège épiscopal du Pape. Vaste et d'aspect magnifique, cette église offre à notre piété d'immenses richesses : c'est l'autel où célébrèrent S. Pierre et les premiers Papes, autel réservé exclusivement au Souverain-Pontife, ce sont les statues colossales des douze apôtres ; puis, sous la confession, les têtes des apôtres Pierre et Paul, le linge de la Cène, un lambeau de la robe de pourpre et du voile de la Ste Vierge, la coupe de poison présentée à S. Jean, du sang de S. Charles, un bras de Ste Hélène, etc., etc.

A côté, c'est la *Scala Santa*, l'escalier du prétoire, que j'ai le bonheur de monter à genoux. Je vois là l'image de N.-S. faite par S. Luc et terminée par un ange. Que de reliques précieuses! — Voici le *Baptistère* de Constantin avec ses mosaïques, avec sa porte de bronze qu'un gardien complaisant pousse lentement sur ses gonds, lui faisant rendre les accents plaintifs du purgatoire, et même les hurlements et les cris horribles de l'enfer... tout cela pour quelques sous !

Terminons par *Sainte-Croix de Jérusalem*, l'église des grandes reliques. Ce n'est pas la plus belle église de Rome, mais c'est peut-être la plus vénérable. Bâtie sur la terre même du Calvaire ramenée par Ste Hélène, elle présente à notre vénération, sous l'autel majeur, les corps des SS. Césaire et Anastase, puis trois morceaux de la vraie Croix, la traverse de celle du bon larron, deux épines (1), et un clou de la Passion, le titre de la Croix que je puis déchiffrer moi-même, et le doigt de S. Thomas qui toucha les plaies du Sauveur.

Et avec l'*Ara-cœli*, au retour. où l'on me présente à baiser le populaire et si vénéré *Bambino*, c'est suffisant, n'est-ce pas ? Voilà une bonne matinée de dimanche. Que d'églises, me direz-vous ! C'est vrai, il faut une bonne dose d'attention, de la force de résistance et une voiture allant rondement, pour visiter tout cela en quelques jours. Du reste, tranquillisez-vous, il y a à Rome la bagatelle de 360 églises, et comme vous, j'ai su faire les sacrifices nécessaires. C'est encore bien satisfaisant, n'est-il pas vrai ? Il paraît qu'en temps ordinaire, les trésors des églises ne s'ouvrent pas facilement, si j'en juge par les résistances éprouvées çà et là, même en ces jours où tout était à la disposition des pèlerins. Habituellement, chefs-d'œuvre, tableaux, reliques, tout est caché, enfermé ; et personne à Rome n'y trouve à redire que ceux qui n'ont pas d'argent et qui sont réduits à attendre les jours des grandes ostensions, assez rares d'ailleurs. Il paraît que les employés d'église et les Fabriques y trouvent leur compte : tant mieux ! Notre qualité de pèlerin nous a dispensé pour faire ouvrir tout cela d'employer une clé d'or aussi lourde !

Et je me félicite du succès de mes pieuses excursions, alors surtout que l'Agence Lubin — d'accord, il faut croire, avec l'organisation du pèlerinage qui avait placé ses exercices du *Triduum* aussi peu commodément que possible, — que l'Agence, dis-je, faisait perdre à ses adhérents un temps précieux en les menant aux hôtels une heure 1/2 avant la fermeture des églises. Il eût fallu, pour faire une bonne visite de Rome. faire comme votre serviteur, envoyer promener l'Agence

(1) Bien semblables, à ce qu'il me paraît, à celle conservée au trésor de St-Jean de Chaumont.

Lubin et se priver de quelque partie des exercices du *Triduum*. J'ai pu entendre pourtant, à St-Louis, les principaux orateurs, en particulier le cardinal Perraud et Mgr Énard.

* *

Un coin de Rome païenne. L'après-midi d'aujourd'hui dimanche, avant l'audience du Pape, est destinée à une promenade archéologique aux ruines de Rome païenne. Une soirée, c'est peu ; mais ayant déjà vu l'ensemble de ces ruines en y passant plusieurs fois, il ne reste plus qu'à en parcourir rapidement les détails principaux.

Et puis, nous allons nous hâter. Comme inconvénient, une chaleur torride, tant pis, — nous ferons la sieste cette nuit en chemin de fer ; mais inappréciable avantage, nous aurons, s'adjoignant à nous comme compagnon d'excursion des plus aimables, et guide des plus intéressants, le P. Roserot, le supérieur du St-Esprit d'Epinal et le frère du distingué ancien archiviste de Chaumont, — encore une connaissance renouvelée. Avec un pareil guide, on ne perd guère son temps.

En voiture pour le Forum.

Saluons en passant le Christ du *Ghetto* (1) ; constatons que les Juifs ont abandonné ce quartier, en se mélangeant à la Rome moderne ; et constatons avec plus de tristesse encore que le monde actuel, celui surtout de la finance et de la politique est devenu une succursale du *Ghetto* ; espérons qu'on saura rétablir un jour, en un coin de la France notamment, un gigantesque *Ghetto* dont j'aimerais à voir Drumont devenir le portier.

Et voici que nous passons devant le temple de la Fortune, devant celui de Vesta aux colonnes de marbre blanc, très bien conservé, sur les bords du Tibre jaunâtre. Passons devant l'arc de Janus et bientôt nous arrivons.

Ibam forte via sacra : (2) la voici cette voie Sacrée montant au Capitole ; c'était la voie triomphale, par où

____

(1) Quartier des Juifs.
(2) J'allais un jour par la Voie sacrée (Hor. Ep.).

passèrent enchainés le glorieux vaincu d'Alise et le Lingon Sabinus avant de gagner à droite la prison Mamertine. On a fermé l'entrée du Capitole devenu un musée, et le clivus (2) de la voie a été aplani.

Voici le fameux Forum, le centre social de la Rome antique et le pivot du monde romain, comme la colonne milliaire qui s'y voit encore, était le centre et le point de départ de toutes les routes de l'empire.

Devant nous, le temple de Saturne avec ses colonnes, l'arc de Septime Sévère, le temple de Vespasien, l'immense emplacement de la basilique Julienne avec les rostres où parlait Cicéron, la basilique de Constantin, l'arc de Titus, si connu pour ses bas-reliefs représentant l'écrasement des Juifs ; puis des portiques, des restes de colonnades, des fondements de maisons, et cela, jusqu'au Colisée ; voilà l'aspect imposant de ce qui fut la vieille Rome. Mais elle a voulu vaincre le Christ, et c'est elle qui est ruinée par les coups de ses empereurs, des barbares et du temps, tandis qu'au milieu d'elle *Christus vincit, regnat, imperat* (1). Tâche de comprendre et de profiter de la leçon, fils de Victor-Emmanuel !

Plusieurs églises ont été fondées avec ces ruines, et sur ces ruines : *St-Côme, St-Laurent, Ste-Françoise*. On y voit le lieu du martyre de S. Sébastien.

Gagnons les jardins Farnèse sur le Palatin. Sous ces allées et ces massifs se cachent une partie des ruines du *Palais des Césars*. D'autres parties importantes sont déblayées. Nous pénétrons sous ces galeries, sous ces voûtes profondes. Voici un corps de garde, puis la fameuse basilique de Jupiter, où les martyrs entendaient leurs condamnations, les bains de Livie contemporains d'Auguste, le *triclinium*, la bibliothèque. etc. Tout cela, et surtout des appartements nouvellement déblayés avec des fresques, des marbres et des mosaïques, donne une idée de la grandeur et du luxe, malheureusement aussi de la corruption raffinée de cette civilisation païenne. Ici habitèrent les bourreaux de la jeune Eglise Romaine. Tandis que la

----

(1) La pente du terrain.
(2) Le Christ est vainqueur, il règne, il gouverne.

grande persécutée a élevé son palais dans les jardins même de Néron, où sont-ils, tous ses persécuteurs ?

Depuis les ruines du Palatin, avec le Colisée à droite, et le Forum à gauche allant jusqu'au Capitole, nous avons devant nous une vision exacte d'un coin de la Rome païenne. Pendant que nous nous reposons un instant là-haut, notre guide nous raconte la tentative de Garibaldi cherchant à entrer à Rome par le Capitole pendant la nuit, et le danger qu'à cette occasion avaient couru le Pape et l'Eglise.

Nous sommes passés près du fameux antre de la louve. Voici l'arc de Constantin, bien conservé, la *Meta sudans* des gladiateurs, le piédestal de Néron et enfin le Colisée. Comme l'histoire romaine revient à l'esprit vivante et animée ! Le gigantesque amphithéâtre se dresse là, couvrant deux hectares et demi de terrain. Nous en visitons les étages et les galeries. Œuvre des Juifs dans leur suprême captivité, il fut arrosé du sang de tant de martyrs ! Il me semblait voir Ignace, broyé dans ses membres par les lions, et les jeunes chrétiennes exposées aux bêtes !!... Les papes l'ont ou démoli en partie pour en bâtir des églises, ou restauré tant bien que mal. Tel qu'il est, c'est une ruine superbe, avec ses trois ordres superposés, ses majestueuses assises.

Il n'y a plus le velum protecteur ; aussi pendant que nous circulons, sous un soleil torride, autour de ces gradins capables de contenir 100.000 spectateurs, nous ne trouvons, au lieu des rafraîchissements apportés par leurs esclaves aux matrones romaines, qu'un marchand de *naranyc* (1) qui veut nous faire apprécier plus que de droit le service qu'il nous rend.

Bornons-nous là. En revenant, il me semblait entendre deux échos : d'un côté de Rome, l'écho des cris de joie dissolue accueillant au cirque la mort des martyrs ; de l'autre, l'écho des acclamations d'un peuple dans l'allégresse bénissant son Pontife suprême. Oui, ceci a tué cela et le tuera encore, le Christ régnera *in æternum et ultrà* (2). C'est le résumé de mes impressions de pèlerin de retour du Colisée.

---

(1) Oranges d'Andalousie.
(2) Au-delà de l'éternité *(Ps.)*

Il est temps de quitter Rome, l'esprit plein de souvenirs et de pensées, le cœur rempli de salutaires émotions. Voilà, comme l'on dit vulgairement, du pain sur la planche pour longtemps, comme matière de méditations, et d'études, comme aliment à la piété.

En quittant Rome le soir, après un dernier adieu à la demeure si hospitalière et aux dignes prêtres(1) qui nous ont si parfaitement accueillis, je sens dans mon cœur certaine impression d'un caractère spécial. Est-ce que par hasard on ne quitterait pas Rome sans désirer y revenir? Est-ce que je regretterais de la quitter sitôt? Allons, puisqu'il en est ainsi, non pas adieu, mais, s'il plaît à Dieu, au revoir!

Magnificat! nous partons pour Assise.

---

(1) Entr'autres le P. Brichet et le P. Duplessis. du Séminaire français, sans oublier nos aimables guides.

IV. DE ROME A LANGRES

Au pays de S. François. — Firenze la graziosa. — S. Antoine de Padoue. — Les rues de Venise; le dôme et le lion de St-Marc; deux heures de concert en gondole. — Le nouveau S. Antoine de Milan. — La fin d'un beau rêve.

TROP de joie fatigue aussi bien que la douleur: après cette dernière journée si bien remplie, ce dimanche passé à voir Rome païenne et terminé par l'audience du chef du monde chrétien, il va de soi qu'aussitôt casé dans mon compartiment, après la prière, je souhaite la bienvenue au sommeil qui ne se fait guère attendre. Le *Magnificat* du pèlerin se termine dans un rêve. Tant mieux! Moins vif sera le regret d'avoir sitôt quitté Rome. Et puis pour tempérer la nostalgie de Rome, de ses fêtes, de ses joies, on a ménagé un si agréable retour. Pensez donc, les plus belles villes, les plus vénérés sanctuaires, les plus beaux sites du nord de l'Italie!... La fête a son lendemain.

AU PAYS DE S. FRANÇOIS. — Comment! déjà le jour? On annonce Foligno, petite ville gracieuse comme sa sainte Angèle. Et bientôt apparaît, juchée comme notre Langres dont elle a des airs sur sa montagne élevée, la ville chère aux enfants de St François. Nous sommes à Assise.

Tout le monde est bien vite à la Portioncule, près de la gare. Notre-Dame des Anges est le berceau de l'ordre séraphique. J'ai le bonheur de pouvoir dire la Sainte Messe au petit chœur des Religieux, à côté de la vénérée Chapelle et de la chaire de S. Bernardin de Sienne, le grand prédicateur franciscain. Quelle grâce pour un prêtre tertiaire! comme il semble que l'on est ici plus chez soi;

c'est la maison paternelle en quelque sorte de tous les enfants de S. François.

J'entre gagner l'indulgence en faisant mon action de grâces, dans la chapelle de la Portioncule où tous les pèlerins en foule et agenouillés prient avec ferveur. On nous montre la cabane de S. François avec son lit, sa corde tachée de son sang, les montants de la chaire où il proclama l'indulgence ; puis, à côté de la chapelle des Roses, voici les rosiers devenus sans épines et maculés comme de taches sanglantes, depuis que François s'est jeté par mortification au milieu de leurs buissons piquants. On quitte trop vite à mon gré ce doux sanctuaire en serrant précieusement ses feuilles de rosier : il faut monter à Assise.

Nous sommes trois, comme S. François avec frère Léon et frère Élie, nous payant, pour mieux leur ressembler, la voiture de la Sainte Pauvreté, et nous voilà montant, soufflant, haletant, sous un soleil torride : « Soleil, mon frère, que le Seigneur t'a fait beau (1), mais qu'il t'a fait brûlant ! » Nous voici en haut après une heure de marche.

Assise est tout à fait d'aspect moyen-âge avec ses rues étroites, grises et désertes, ses maisons aux façades et aux fenêtres étranges. Ce n'est plus la ville des riches marchands, de la jeunesse dorée : Assise est pauvre, très pauvre ; la mendicité y devient un fléau, mendicité crasse, sordide, oh ! combien différente de celle du pauvre séraphique. C'est ici que se place un trait bien significatif, bien italien. Un *lazzarone* du pays nous tend la main. Ayant reçu notre petite aumône, il la regarde, puis, avec pitié : *Franchi tutti mendici !* (tous des mendiants, ces Français !) s'exclame-t-il, et superbement il va tendre la main à d'autres arrivants.

Bien peu sympathique et très paresseuse nous paraît cette population qui nous regarde curieusement, à notre montée à l'église St-François. Mais ici quel dédommagement pour nous ! Ayant visité les deux églises superposées, l'inférieure avec son autel venant de Sainte-Sophie

(1) Allusion à l'hymne du Soleil, composé par S. François.

de Byzance, nous descendons à la crypte prier au tombeau de S. François ; ses reliques nous sont montrées ; et, presque seuls,—les pèlerins ne sont point encore arrivés en groupe — nous laissons errer notre esprit et prier notre cœur, en nous rappelant la vie merveilleuse du saint d'Assise.

Il ne faut point s'en aller d'Assise sans avoir visité la *Chiesa nuova* (1), bâtie sur la maison paternelle de François ; on nous montre l'étable et l'endroit où il naquit, à l'exemple du Maître. — Quel dommage de n'avoir point le temps de visiter le couvent et l'église Ste-Claire !

En redescendant en voiture cette fois, à la vue de l'immense et resplendissant panorama de l'Ombrie, je comprends comment l'âme ardente du patriarche d'Assise laissait éclater ses enthousiasmes et ses hymnes d'amour au Créateur.

Un regard d'adieu et nous voici filant rapidement vers Pérouse, jadis la ville archiépiscopale du cardinal Pecci, devenu Léon XIII. Elle apparaît bientôt magnifiquement encadrée, avec sa cathédrale, ses palais, sa citadelle, son hôpital militaire. — Voici Arezzo : à tort ou à raison ou en fait la patrie d'origine de la notation musicale : un *Ave Maris stella* bien enlevé est tout à fait couleur locale, n'est-il pas vrai ?

.**.

FIRENZE LA GRAZIOSA (2). — Une succession de villas, de bosquets, de jardins fleuris, de gracieux nids de verdure et de fleurs, des palais, puis encore des fleurs, c'est Florence, la plus jolie ville d'Italie incontestablement, la plus illustre après Rome par son histoire et ses grands hommes, la plus riche aussi après elle en palais et en musées ; c'est une ville de noblesse et de bourgeoisie, toute différente des autres : peu de mendiants, pas de malpropreté : la ville répond à ses charmants abords.

Laissons la magnifique chambre où l'on vient de nous installer et où il ferait si bon dormir, et allons visiter le

______

(1) L'église neuve.
(2) Florence la Gracieuse.

Baptistère, nous en aurons encore le temps. Nous entrons dans le bel édifice octogonal par la porte du Paradis, qu'on a mis 40 ans à ciseler et qui a ravi d'admiration les grands artistes eux-mêmes. On va nous en faire apprécier les beautés : Voici un gros homme pédant et prétentieux qui nous noie dans ses renseignements, qu'il semble nous imposer d'office ; ancien employé d'une joaillerie de la rue de Rivoli, cet Italien me donne sur les nerfs par ses coups de patte à l'adresse de l'art français, art de pacotille, dit-il, et servilement à la suite du grrrand art italien : il s'attire de ma part quelques rectifications assez vives de ton et surtout quand il veut nous faire payer dignement la supériorité de l'art italien, il s'aperçoit de la supériorité française à envoyer promener les mendiants importuns : il était temps.

Revenons au salut du mois de Marie à *Santa-Maria-Novella*, la *sposa* (1) de Michel-Ange, la plus populaire peut-être de Florence.

Après une nuit réparatrice, j'y reviens le lendemain dire la sainte Messe à l'autel de la Sainte-Vierge ; un gracieux petit dominicain de 12 ans me répond d'une voix fraîche et harmonieuse : ici tout est fleuri comme l'autel de Marie, la patronne de Florence.

Allons visiter la cathédrale Ste-Marie... des Fleurs, naturellement, si gracieuse avec son dôme de Brunelleschi, sa façade et son campanille de Giotto, d'un gothique spécial, ajouré et dentelé : le ciel de l'Italie seul peut permettre ces délicatesses et ces finesses d'ornementation. L'intérieur est digne de l'extérieur, et renferme de grandes richesses. A noter un tabernacle d'argent massif, des terres cuites de Luc della Robbia, vrais chefs d'œuvre, comme tout ce que j'ai vu de cet artiste en Italie. Nous voyons en cette église les tombeaux des deux artistes auteurs de ces superbes édifices.

Tout en admirant, une remarque me vient à l'esprit. Dans les églises du reste de l'Italie, le dehors répond au dedans, l'architecture extérieure à l'intérieur. A Rome,

____

(1) La fiancée.

au contraire, sauf deux ou trois grandes basiliques, les églises ont peu d'extérieur, des façades insignifiantes : passez-moi le mot, de vraies granges ; mais l'intérieur est incomparable. En tout cas, partout c'est le style de la renaissance, ou le byzantin qui dominent. Cela ne donne plus l'impression de mystérieux recueillement de nos églises gothiques, mais l'idée que rien n'est trop magnifique pour Dieu. Salles de théâtre plutôt qu'églises, ai-je lu quelque part. Jugement faux auquel je refuse de souscrire. Palais somptueux, oui ; aspect théâtral, non ; et malgré mon admiration pour le style gothique, j'apprécie grandement ces merveilles de la Renaissance, ces marbres, ces mosaïques, ces colonnes, ces plafonds dorés ; je ne vois pas pourquoi ce ne serait pas beau, et pourquoi on refuserait de le reconnaître.

Voici les pèlerins avec des guides. Allons avec eux visiter la *piazza della Signoria* (1), toute constellée de chefs-d'œuvres. salie toujours par un Emmanuel le Voleur en bronze ; la loggia (2) des Lanzi et ses statues de marbre, musée ouvert sur la place, avec, voletant parmi tout cela, les *santi spiriti* (3), ces pigeons municipaux qu'il est interdit de prendre ou de tuer, et qui sont nourris aux frais de la ville ; nous les retrouverons à la place St-Marc de Venise. Voici le vieux palais crénelé de la Signoria, avec la cour splendide et la fontaine de l'*Ammanato*, la salle des 500, bâtie par Savonarole et où l'on nous montre la statue du moine-tribun.

Déjeûnons lestement dans ce quartier des vieux palais du moyen-âge. Que de faits, que d'événements historiques se sont passés dans ces rues et entre ces murs de marbres de l'antique seigneurie !

Florence a aussi son *Annunziata* Nous obtenons, bien qu'avec peine, de voir l'image de la Vierge terminée par un ange ; le visage est en effet d'une beauté surhumaine

(1) Place de la Seigneurie.
(2) Les loges ou loggie sont des galeries, ouvertes sur une rue ou sur une place.
(3) Nom populaire. faisant allusion à la descente de l'Esprit-Saint sous forme de colombe.

et les yeux s'en détachent difficilement. C'est un prêtre langrois qui préside aux prières de l'ostension.

À l'église *St-Laurent*, bâtie par Laurent de Médicis, et où l'on voit le tombeau de Côme, nous admirons la chapelle des Médicis, toute en marbre, mosaïques et ors avec des chefs-d'œuvres des deux Gaddi. Voici *St-Firenze* avec le fameux crucifiement des 10.000 martyrs, puis *Ste-Madeleine*, *St-Michel*, belles églises, et enfin *Santa-Croce* (1), le Panthéon de la Toscane, avec les tombeaux de Michel-Ange, Machiavel, Alfieri, l'Aretin, etc., dont plusieurs sont de Canova ; on y voit aussi une chapelle des Médicis. Les souvenirs de l'illustre famille sont, du reste, partout répandus dans cette ville.

Nous ne pouvons voir, car il faut se borner, le musée de chefs d'œuvres qui s'appelle les *Uffizi*, mais nous parcourons le palais Pitti, peut-être plus riche encore : 15 tableaux de Raphaël, plusieurs de Salvator Rosa, Véronèse, le Titien, Michel-Ange, del Sarte, Van Dick, Rubens, Rembrandt, etc., nous en donnent une idée. Dans une salle, nous admirons à loisir la chapelle castrale des Médicis, ouvrage incomparable de sculpture, d'or et de pierres précieuses : je n'ai rien vu nulle part de plus étonnamment riche.

Laissant les jardins Boboli, sinistrement célèbres, nous partons en voiture par une route en lacets serpentant dans le plus délicieux paysage, et nous arrivons à *San-Miniato*, l'église du crucifix de S. Jean Gualbert, au Campo santo. En face de nous, Fiésole la coquette, et à nos pieds, dans un nid de verdure, repose doucement la Ville des Fleurs. Faisons le tour de la ville, en ces beaux quartiers aux façades peintes en des tons tendres et frais, et revenons par les Cascine (2), le bois de Boulogne florentin, et nous avons une idée suffisante et très suffisante de cette reine des villes italiennes, où semble avoir convergé toute l'élégance de la péninsule.

(1) Sainte-Croix.
(2) Les Laiteries.

* *

S. Antoine de Padoue. — Il faut traverser pendant la nuit la Sabine et les Apennins, laisser de côté Lucques, Bologne, Ferrare, et nous voici mercredi matin à Padoue, la ville de S. Antoine, du thaumaturge à la mode, en voie de supplanter le reste du ciel, sans que ni le bon Dieu, ni moi y trouvions à redire, le résultat étant excellent. Parcourant ainsi au point du jour les longues rues étroites et sombres, nous obtenons un vrai succès de curiosité. *St-Antoine*, l'église aux belles coupoles, est un vrai musée dont il faudrait des heures pour admirer les détails ; à la chapelle du Saint, œuvre de Sansovino, nous pouvons voir et vénérer sa langue et son menton bien conservés. La salle du Chapitre, avec les fresques de Giotto, la sacristie avec le crucifix de Donatello, tout cela est tenu avec une propreté remarquable, chose rare en Italie.

Tous les autels sont occupés : voici même un évêque grec ou arménien qui célèbre en son rit oriental. Impossible de trouver ici à dire la sainte Messe. Tant mieux, cela va me faire compléter mon pèlerinage : nous allons, un petit groupe de prêtres, au couvent de St-François, l'antique séjour de S. Antoine, où je puis célébrer tranquillement.

Vite un rafraîchissement, et parcourons la ville. Voici le palais des Dettes, la salle de la Raison, la loge municipale, quelques rues monumentales avec de vieux palais ; mais tout cela est fermé : il est trop matin, ce sera pour une autre fois !...

En chemin de fer, n'en voilà-t-il pas d'une autre ! Mon billet de pèlerin *égaré* ou perdu... à Padoue ? Vrai, c'est un tour que me joue, ou plutôt une leçon de confiance que veut me donner le bon Saint. Donc, ne nous inquiétons pas ; à moins d'un affront que S. Antoine voudrait s'infliger, le billet se retrouvera ; et puis, même sans billet... avec un peu de prudence !...

Une demi-heure après, voici la mer, les lagunes. Notre train s'élance sur l'eau, soutenu par un pont interminable, entre les îlots de verdure et les pâtés de maisons suspendues sur la plaine liquide : c'est Venise, où nous arrivons par une belle matinée toute ensoleillée.

* *

LES RUES DE VENISE. LE DÔME ET LE LION DE S. MARC. — De la gare au centre de la ville, nous voguons en gondole ; bientôt nous sommes sur le grand canal et nous arrivons à proximité de la place St-Marc, à un hôtel tenu par une Alsacienne qui nous reçoit avec son cœur resté français.

Il est midi, nous voici restaurés, avec une belle soirée devant nous. Nous serons pèlerins tant que nous pourrons, mais qu'on nous pardonne d'être un peu touristes : c'est dans le programme du pèlerinage. Et puis, on n'est pas à Venise tous les jours !... Figurez-vous un rectangle entouré de palais de 3 côtés et présentant au quatrième côté une splendide basilique byzantine aux coupoles brillantes : voilà la place St-Marc, peut-être la plus riche du monde.

L'église St-Marc est éblouissante. Ses façades en mosaïque brillant au soleil, avec, à l'entrée, les chevaux de bronze de Lysippe, ses marbres incomparables, ses 500 colonnes, son pavage tourmenté et inégal en porphyre et en marbres multicolores, les mosaïques dorées des voûtes et des autels, les groupes de Sansovino et d'autres grands maîtres, tout cela fait un ensemble d'une splendeur orientale. Ajoutez à cela un trésor très riche en précieuses reliques.

N'oublions pas le Campanile au reflet rougeâtre avec sa plate-forme où l'on monte en pente douce et d'où l'on jouit d'un coup d'œil unique en Europe et peut-être au monde.

Allons, en attendant, visiter, dans de véritables palais, les galeries Testolini, ces verreries artistiques qui ont donné à la Venise moderne une réputation universelle, comme ses glaces dans les siècles passés. Nous voyons fabriquer sous nos yeux ces ouvrages en verre filé, ces mosaïques lilliputiennes qui donnent aux porte-monnaies des tentations irrésistibles : c'est l'art éclatant et raffiné de l'Orient uni au bon goût et à la perfection classique de l'Occident. Ce soir, toute cette exposition de glaces et de cristaux artistiques dans l'éclat de la lumière électrique répandue à profusion, ne sera qu'un flamboiement féerique, un spectacle que Paris même ne présente pas et qui vaudrait presque à lui seul notre détour de voyage. Mais n'anticipons pas.

Tournons, par la piazzetta (1), autour du palais des doges au style mauresque; nous sommes sur le Môle, avec, en face de nous, sur la mer, l'île St-Georges et les bateaux et les gondoles. Voici le pont des Soupirs entre le palais et la prison des Plombs, celle de Silvio Pellico.

Un soupir, à moi aussi, m'échappe, de me sentir las et épuisé, alors que je vois mes compagnons de pèlerinage indomptables, persister dans une promenade fantastique sur le quai des Esclavons où frappe un soleil torride, par plus de 50° de chaleur. Oh ! cette promenade, je sens encore d'ici ma tête éclater... En tout cas, je rends les armes tout honteux, et avisant un bateau à vapeur, me voici voguant vers le Lido (2). Nous passons devant l'Arsenal avec son lion colossal, le lion de St-Marc, devant les jardins publics, et nous voici débarqués et promeneurs au Lido, dont les belles avenues sont fréquentées continuellement par les foules les plus variées et les plus cosmopolites.

Revenons dans l'intérieur de la ville, toujours en bateau à vapeur : il va être l'heure de visiter les églises.

Le plan de Venise ne m'étant pas familier, et du reste ayant visité ces églises un peu au hasard de nos excursions, c'est un peu au hasard de mes souvenirs que j'en parlerai.

St-Sébastien est comme un musée des chefs-d'œuvres de Paul Véronèse qui y a son tombeau. — *Ste-Marie della Salute* (3) est fort riche et ornée de plus de 120 belles statues. Etant débarqués du bateau à vapeur un peu plus loin que nous ne pensions d'abord, nous arrivons en un quartier peu animé. Nous y trouvons l'église *St-Sauveur* encore fermée, mais dont nous parvenons à forcer

(1) Petite place attenant à la place Saint-Marc.
(2) Promenade célèbre.
(3) Du salut.

l'entrée, en frappant ferme et en soudoyant un mendiant qui trouve bien vite le moyen de nous faire ouvrir. Est-ce encore une Société à dividendes ? Cette église très belle comme celle de *Ste-Marie dei Frari*, (1) sanctuaire gothique que nous visitons plus tard, renferme comme elle les tombeaux des doges et de plusieurs grands artistes ; la seconde de ces deux églises contient notamment les mausolées splendides de Canova et de Titien. Inutile de citer encore les *Scalzi*, *St-Georges-en-l'Ile* avec son dôme d'un bel effet et *St-Roch* devant lesquelles nous passons sans entrer, *St-Jean et St-Paul* que mes compagnons plus zélés ou plus intrépides voudront tout à l'heure admirer pendant que j'irai me reposer en gondole.

Puis nous nous laissons errer, un peu égarer même, à dessein dans les ruelles. (car il y a à Venise, sinon des rues, du moins d'innombrables ruelles, ruelles étroites, bizarres, en labyrinthes, en impasses, ayant conservé totalement leur aspect moyen-âge, au milieu des ilots et de leurs pâtés de vieilles maisons : nous suivons le bord des canaux, passant ici sur un pont, faisant appel plus loin au secours du gondolier : et nous pouvons contempler à notre aise la Venise populaire, active au moins relativement, dans cette chaude et vaporeuse atmosphère des lagunes.

Un vieux professeur de français, tout en nous contant ses infortunes, nous renseigne et nous remet en notre chemin, tandis qu'un policier, nous faisant très courtoisement la conduite, rassure un de nos compatriotes contre le cauchemar peut-être un peu persistant de certains types vénitiens aperçus derrière nous.

De ce coin pittoresque de la vieille Venise, nous regagnons le centre de la ville par le fameux pont du Rialto, au moment où chacun sort pour le marché, très actif le soir par ici, ou bien rentre du travail. C'est un singulier spectacle que cette foule bariolée, ce va-et-vient pressé sans aucun bruit de voitures, ces groupes nombreux de femmes du peuple aux types variés, plus ou moins hasa-

(1) Des Frères.

nés, avec leurs châles disgracieux et leurs regards plus disgracieux encore, et d'une modestie aussi peu occidentale que possible. Quelle différence avec Florence! La société florentine n'est guère différente de la bonne société parisienne, tandis que Venise, c'est déjà un peu l'Orient.

Allons dîner, il est temps, aux environs de la piazza San-Marco. Pendant que nous savourons notre giardinetto (1) de fruits en avance de trois semaines sur ceux de France, voici les accords de la musique militaire. Hâtons-nous! La place et la piazzetta sont illuminées à l'électricité. Entrons en passant aux cristalleries Testolini. Jamais je n'ai vu pareil ruissellement de lumière, pareils feux d'éclats variés et changeants : c'est un palais des fées que ce palais d'industrie artistique, et je comprends que même les maris millionnaires fassent difficulté, à ce qu'on me dit, de conduire souvent leurs femmes en cet Eldorado fascinateur.

*
* *

Deux heures de concert nocturne en gondole.
—Nous voici à la musique, fort belle incontestablement. Les morceaux les plus compliqués semblent un jeu à ces soldats italiens, musiciens en naissant ; de leurs instruments, soutenus par leurs tambours harmoniques, ils tirent des sonorités, des douceurs, des nuances surprenantes : je reconnais, entr'autres choses, la *Chevauchée des Valkyries*, de Wagner ; jamais nos musiques françaises n'atteindraient un pareil effet orchestral.

Le Môle est tout autour constellé de candélabres électriques : les gondoles y voguent doucement sur les ondes à la clarté des étoiles. Mes compagnons reculent devant l'idée d'une promenade la nuit sur les flots profonds et se retirent. J'avise une gondole avec deux pèlerins spinaliens, et nous voilà nous-mêmes voguant doucement... Deux grandes barques illuminées sont chargées de chanteurs : les gondoles viennent se grouper alentour. On me montre sur une des plus voisines de la nôtre D. Carlos, le prétendant espagnol.

______

(1) Jardinet, dessert italien.

Et pendant que l'écho des concerts monte aux étoiles, mêlé aux accords lointains des instruments, et nous redisant l'harmonieuse *Santa Lucia*, le chant des mariniers, les étoiles semblent y répondre à leur manière par une merveilleuse pluie d'or ; nous nous promenons longuement, suivant la file des légères embarcations, doucement bercés par la vague ; et, les yeux demi-clos, apercevant à peine les blanches silhouettes des gondoliers à l'écharpe bleue, nous récitons sur les flots notre prière du soir... Je me souviendrai longtemps de cette délicieuse soirée que j'ai la faiblesse — bien pardonnable — de terminer à 11 heures.

Quelques heures de repos à l'hôtel, et voici le départ. Une dame de nos compatriotes veut assister à une Messe matinale : c'est un tour de force ; nous allons manquer le train. Le gondolier fait voler sa barque sur le Grand Canal dans la vaporeuse brume du matin : un bon pourboire, et nous voici arrivés quand même. Adieu, Venise, merci à toi de nous avoir si bien charmés !

Repassons le pont des Lagunes ; voici bientôt et de nouveau Padoue qui me donne l'occasion d'adresser un doux reproche à S. Antoine !... C'est ensuite Vicence et le quadrilatère de Vérone. Nous apercevons les fortifications de cette dernière place, et les soldats italiens en marches et exercices, les espadrilles aux pieds : leurs mouvements semblent manquer de précision, et au lieu de cette vivacité qu'on s'attendrait plutôt à leur voir, c'est une certaine mollesse qu'il faut constater chez eux.

Nous entrons dans la vallée du Mincio, laissant à droite le lac de Garde dont on aperçoit l'extrémité : puis dans les plaines verdoyantes et plantureuses de la Lombardie, c'est Brescia, c'est Bergame, ce sont des paysages délicieux, des villages fort jolis, de vrais nids dans la verdure ; et comme fond lointain de ces beaux tableaux, les contreforts des Alpes et les monts de la Valteline.

On traverse l'Adda.— Bravo, S. Antoine! j'ai mon billet de chemin de fer ! Un voisin qui l'avait pris par mégarde pour le sien et l'avait englouti dans sa valise, me le rend fort honnêtement. Avais-je tort d'avoir confiance ? Allons, ma conscience de voyageur va être tout à fait en repos maintenant.

* *

MILAN ; LE NOUVEAU S. ANTOINE. — Nous arrivons à la dernière station importante de notre pèlerinage, Milan, que nous avons simplement salué en allant à Rome. C'est jeudi, il est dix heures.

C'est une belle grande ville que Milan. Nous sommes convoqués à l'église St-Ambroise. Mais cela commence mal décidément. Imaginez donc un prétentieux voyageur, affectant de connaître parfaitement la ville et entraînant à pied derrière lui une bonne partie du pèlerinage : « C'est tout près ! dit-il. » Ah ! oui, merci, plus de trois kilomètres par une chaleur orageuse. Heureusement que plusieurs ont trouvé moyen de lâcher ce guide malencontreux ; je n'ai cette chance que trop tard pour mes pauvres jambes presque fourbues ; mais cela m'a permis, tout en maugréant, tout en donnant le bras à un pauvre missionnaire d'Afrique absolument épuisé, d'examiner en détail cette partie de Milan qui va de la gare à St-Ambroise.

Voici la vieille église, toute tendue de draperies rouges et toute illuminée : c'est là qu'est le centre des fêtes milanaises en l'honneur du nouveau canonisé, saint Antoine Zaccaria, qui, du reste, est un saint Milanais, on ne l'a pas oublié. Les pèlerins vosgiens étaient attendus pour un office solennel. Après un discours à la louange du nouveau S. Antoine, voici, en chaire, le cardinal-archevêque de Milan. Il nous dit sa joie de nous voir terminer chez lui notre pèlerinage, nous félicite d'unir S. Pierre le Vosgien et S. Antoine de Milan, dans nos louanges comme tantôt ils le furent dans la glorification par l'Eglise ; il nous rappelle l'amitié des Milanais pour la France, nous souhaite bon retour et nous demande de ne pas l'oublier : « Nous prier pour vous, dit-il en son langage mi-parti français et italien, mais vous aussi prier pour nous. » Son Eminence pressentait-elle qu'elle allait avoir un besoin spécial de nos prières : le soir même un cruel deuil de famille l'obligeait de quitter Milan.

Après le Salut, nous parcourons la vieille église, pleine d'œuvres d'art ; mais à l'occasion du 15ᵉ centenaire de S. Ambroise et parce que c'est nous, on montre le corps du saint Docteur : nous sommes tout heureux de l'aller vénérer. Voici qu'on chante le *Te Deum*. C'est bien ici qu'il fut composé, mais est-ce la même mélodie? Il paraît que l'air italien s'en rapproche davantage.

Nous retournons vers le centre de la ville, guidés par des prêtres du clergé de Milan. Temps orageux, brouillard épais. En arrivant à la place St-Charles, je suis témoin d'un phénomène étrange : une véritable pluie d'étincelles qui crépitent dans le brouillard pendant quelques minutes, et l'orage se dissipe rapidement sans autre suite qu'une odeur d'ozone très prononcée. Sont-ce les aiguilles de St-Charles qui causent ce phénomène, ou bien ce genre de décharge d'un nuage électrisé est-il à la mode par ici? Je ne sais, et j'aurais besoin là-dessus des lumières de notre météorologiste langrois (1) qui, le doigt sur l'aiguille barométrique pour l'empêcher de dévier, nous a dispensé, d'accord avec le bon Dieu. le plus joli temps possible pour notre pèlerinage. Mais voici la flèche de la cathédrale : il doit être là-haut.

En face du dôme, du fameux dôme tout en marbre, j'éprouve un peu de désillusion. Je m'attendais à la blancheur, éblouissante sous le rayon du soleil, du marbre poli, et c'est la grisaille d'un marbre brut assombri déjà par la patine du temps, que je suis obligé de constater. Malgré cela, avec son immense façade. ses innombrables flèches, ses dentelles de marbre, ses balustrades et ses pinacles ajourés, et dans tout cela, sur tout cela, autour de tout cela, plus de 5,000 statues ; c'est quand même un temple merveilleux d'une magnificence inimaginable. Mais entrons.

L'intérieur, plus sévère, est d'un certain gothique et vraiment imposant, surtout par sa hauteur de nef et la régularité absolue des lignes architecturales. Passant devant plusieurs tombeaux d'archevêques et de princes de Milan, j'arrive à la sacristie où l'on montre à quelques Anglais les richesses du trésor : j'y remarque des statues d'argent incrustées de pierres précieuses, un

____

(1) M. l'abbé Raclot, directeur de l'Observatoire du plateau de Langres, et notre co-pèlerin.

crucifix d'or également incrusté et d'un prix inestimable, une garniture de chandeliers d'autel monumentaux en argent massif, etc.

Mais voici des groupes qui descendent à la crypte. C'est le corps de S. Charles Borromée, l'illustre archevêque de Milan, qui y est exposé, relique très insigne, d'aspect noirci et un peu repoussant, mais combien vénérable, combien précieuse à notre dévotion et à nos pieux souvenirs! Grand saint, modèle des évêques et des prêtres, protégez, sanctifiez le clergé, en particulier celui de notre France, *interveni pro clero* : ce fut là ma prière.

Un regard sur l'effrayante statue de S. Barthélemy écorché, et nous voici gravissant l'interminable escalier qui doit nous mener au milieu de la forêt de clochetons de marbre et même au sommet de la flèche centrale à 300 pieds de haut. J'y trouve de courageux Haut-Marnais, même des dames que n'a effrayées ni la hauteur, ni la fatigue; j'y retrouve aussi de nos ascensionnistes de la coupole de St-Pierre, toujours intrépides. Mais quel coup d'œil sur cette profusion d'aiguilles, de flèches à jour, de statues, et surtout sur la Lombardie entière, les Apennins, les Alpes et même l'Oberland bernois. Un *Ave Maria* à la Vierge de 4 mètres qui, du bas, semble n'avoir que quelques décimètres, et l'on redescend harassés, mais contents.

La galerie Victor-Emmanuel est d'assez bel aspect; pourtant je ne la visite point tout le long, je préfère voir la vieille église Ste-Marie des Grâces et jeter un coup d'œil sur l'original de la Cène de Léonard de Vinci.

Mais n'oublions point que Milan est la ville de S. Zaccaria, que ses fils, les Barnabites, y conservent son corps. Tandis que je vais à pied faire ce pèlerinage, je constate la courtoisie des Milanais à l'endroit des Français. Charmant en particulier et venant bien à point ce laitier du couvent; son lait, frais et écumeux me rafraîchit délicieusement, mais combien plus cet aimable souhait qu'il m'adresse : « Que notre S. Antoine-Marie protège la France et les pèlerins français! « Voici sous l'autel de la petite église des Barnabites, le corps du Saint. Ce squelette, cette tête décharnée ont encore une posture, un air recueilli qui frappe singulièrement. Et quelle consolation de pouvoir ici, devant les restes de ce canonisé d'hier, lui recommander notre retour, nos plus chers intérêts, notre patrie, et l'Eglise.

Voyons, avant de repartir, près de St-Laurent, les 16 colonnes bien conservées du portique des thermes d'Hercule. Mais ce qui déparc Milan, ce sont toutes ces statues de Victor-Emmanuel, Cavour, Garibaldi, quoiqu'on ait eu pour l'effigie de ce dernier le bon esprit d'en faire une dérision, car elle est grotesque, comme du reste le scélérat qu'elle représente.

On me montre aussi, mais c'est pour moi sans intérêt, la fameuse *Scala*, le plus renommé théâtre d'Italie.

De retour près de la gare, nous prenons avec des pèlerins langrois notre dernier repas d'Italie, et vite dans le train ! Nous ne ferons plus de halte importante que celle de l'arrivée.

LA FIN D'UN BEAU RÊVE. — Il fait nuit... S. Zaccaria, d'accord avec S. Pierre Fourier, bénit sans doute notre départ, car c'est leur nom sur les lèvres et leur pensée dans l'âme que s'endort tout notre pieux convoi. Demain nous reverrons notre beau soleil de France, moins éclatant mais plus bienfaisant que l'ardent soleil d'Italie. Nous ne voyons plus rien de la montée vers le St-Gothard. Familiarisés avec celui-ci, plusieurs d'entre nous ne craignent point de le traverser, debout sur les plates-formes extérieures du train.

Mais en revanche, au matin du vendredi, nous apercevons magnifiquement les grands sommets neigeux, les Rosstock, de grandes chaînes blanches en *stock* et en *horn* dont j'ai oublié les noms sauvages, les Miethen au loin, puis plus près en approchant des lacs des Quatre-Cantons et de Lucerne, le Righi, le Pilate. Grâce à un soleil matinal qui, bien avant son lever, nous a, dès les 2 heures du matin, chassé les ténèbres, ajoutant au programme, comme article imprévu, la vision des montagnes et des splendeurs de la haute Suisse, me voici un peu réconcilié avec notre horaire. Rien que le spectacle que j'ai devant les yeux, de la Reuss au lac de Sempach, vaudrait largement le voyage.

Lucerne, Bâle avec sa douane assommante et sa bière excellente... et voici les arbres avec leurs fruits encore verts, alors que nous les mangions passés mûrs en Italie, voici les blés seulement en épis, quand ils jaunissent déjà par delà les montagnes suisses ; voici des uniformes, des employés français, on parle français. Nous voici chez nous, en France. *Deo gratias !*

Belfort ! c'est un groupe qui nous quitte, presque les larmes aux yeux. On se bouscule bien un peu parfois en voyage, on n'est pas toujours de très bonne humeur, surtout avec le caractère vosgien un peu cassant ; mais comme on s'attache les uns aux autres, comme on sympathise vite et comme on le sent vivement, surtout au moment de la séparation.

A Lure, c'est nous qui laissons le pèlerinage : les serrements de mains, les bons souhaits n'en finissent plus, et au tournant de la voie on voit encore s'agiter mains et mouchoirs.

C'est fini ! Veuille S. Pierre Fourier nous réunir un jour, nous ses pèlerins, au ciel autour de lui. Allons voir, avec le directeur vésulien, la petite église de Lure ; les Religieuses, de Portieux je crois, sont les premières Françaises à venir nous demander nos bénédictions de Rome. Nous voici repartis sur Langres.

Chalindrey !... je suis attendu. Et pendant que, le cœur à la fois joyeux de mon beau voyage et triste de le voir sitôt fini, je fais, accueilli par les meilleurs souhaits de bienvenue, ma rentrée dans mon village ; c'est encore la cloche de l'*Angelus* qui vient rappeler dans mon cœur, avec la louange de Marie, la plus vive reconnaissance envers Dieu.

Benedictus Dominus Deus Israël... quia cum pace, salute et gaudio revertimur ad propria (1).

Puissions-nous tous, après le pèlerinage d'ici-bas, chers pèlerins langrois, et vous tous, bienveillants lecteurs, rentrer aussi heureusement dans la patrie. S. Pierre Fou-

____

(1) Béni soit le Seigneur Dieu d'Israël (Cant. Zach.), car c'est sains et saufs, en paix et joyeusement qu'il nous fait rentrer chez nous. (Itin. cleric.).

rier et S. Zaccaria nous y soient en aide! Nous le leur demanderons en ajoutant, en esprit, demain samedi matin, veille de la Pentecôte, aux litanies de la bénédiction des Fonts, les deux invocations : *Sancte Petre Foreri, Sancte Antoni Maria, orate pro nobis.*

. . . .

Et maintenant, merci à la *Semaine* (1) d'avoir voulu accueillir, avec trop de bienveillance, ces notes frustes, rédigées au galop, ces souvenirs personnels, cette mauvaise cinématographie, n'ayant d'autre prétention que d'esquisser *grosso modo* les inoubliables visions de ces quinze jours de grâces, de joies et de bénédictions! Merci aux lecteurs de la *Semaine* de leur patiente et indulgente attention. S'ils ont pu un instant s'intéresser et s'édifier, qu'ils accordent en retour une petite prière pour le... pèlerin langrois.

---

(1) Cette petite relation a paru en effet dans la *Semaine religieuse* de Langres de juin à août 1897.

TABLE

—

I. — DE LANGRES A ROME

II. — LE PAPE

III. — ROME

IV. — DE ROME A LANGRES

LANGRES. — IMPRIMERIE ET LIBRAIRIE RALLET-BIDEAUD

www.ingramcontent.com/pod-product-compliance
Lightning Source LLC
Chambersburg PA
CBHW051143050726
47594CB00003B/1220